T0135512

# ZEITGESCHICHTE

**Ehrenpräsidentin:**
em. Univ.-Prof. Dr. Erika Weinzierl († 2014)

**Herausgeber:**
Univ.-Prof. DDr. Oliver Rathkolb

**Redaktion:**
em. Univ.-Prof. Dr. Rudolf Ardelt (Linz), ao. Univ.-Prof.[in] Mag.[a] Dr.[in] Ingrid Bauer (Salzburg/
Wien), SSc Mag.[a] Dr.[in] Ingrid Böhler (Innsbruck), Dr.[in] Lucile Dreidemy (Wien), Dr.[in] Linda Erker
(Wien), Prof. Dr. Michael Gehler (Hildesheim), ao. Univ.-Prof. i. R. Dr. Robert Hoffmann
(Salzburg), ao. Univ.-Prof. Dr. Michael John / Koordination (Linz), Assoz. Prof.[in] Dr.[in] Birgit
Kirchmayr (Linz), Dr. Oliver Kühschelm (Wien), Univ.-Prof. Dr. Ernst Langthaler (Linz), Dr.[in] Ina
Markova (Wien), Univ.-Prof. Mag. Dr. Wolfgang Mueller (Wien), Univ.-Prof. Dr. Bertrand Perz
(Wien), Univ.-Prof. Dr. Dieter Pohl (Klagenfurt), Univ.-Prof.[in] Dr.[in] Margit Reiter (Salzburg), Dr.[in]
Lisa Rettl (Wien), Univ.-Prof. Mag. Dr. Dirk Rupnow (Innsbruck), Mag.[a] Adina Seeger (Wien),
Ass.-Prof. Mag. Dr. Valentin Sima (Klagenfurt), Prof.[in] Dr.[in] Sybille Steinbacher (Frankfurt am
Main), Dr. Christian H. Stifter / Rezensionsteil (Wien), Priv.-Doz.[in] Mag.[a] Dr.[in] Heidemarie Uhl
(Wien), Gastprof. (FH) Priv.-Doz. Mag. Dr. Wolfgang Weber, MA, MAS (Vorarlberg), Mag. Dr.
Florian Wenninger (Wien), Assoz.-Prof.[in] Mag.[a] Dr.[in] Heidrun Zettelbauer (Graz).

**Peer-Review Committee (2018–2020):**
Ass.-Prof.[in] Mag.[a] Dr.[in] Tina Bahovec (Institut für Geschichte, Universität Klagenfurt), Prof. Dr.
Arnd Bauerkämper (Fachbereich Geschichts- und Kulturwissenschaften, Freie Universität Ber-
lin), Günter Bischof, Ph.D. (Center Austria, University of New Orleans), Dr.[in] Regina Fritz (In-
stitut für Zeitgeschichte, Universität Wien/Historisches Institut, Universität Bern), ao. Univ.-
Prof.[in] Mag.[a] Dr.[in] Johanna Gehmacher (Institut für Zeitgeschichte, Universität Wien), Univ.-Prof.
i. R. Dr. Hanns Haas (Universität Salzburg), Univ.-Prof. i. R. Dr. Ernst Hanisch (Salzburg), Univ.-
Prof.[in] Mag.[a] Dr.[in] Gabriella Hauch (Institut für Geschichte, Universität Wien), Univ.-Doz. Dr.
Hans Heiss (Institut für Zeitgeschichte, Universität Innsbruck), Robert G. Knight, Ph.D. (De-
partment of Politics, History and International Relations, Loughborough University), Dr.[in] Jill
Lewis (University of Wales, Swansea), Prof. Dr. Oto Luthar (Slowenische Akademie der Wis-
senschaften, Ljubljana), Hon.-Prof. Dr. Wolfgang Neugebauer (Dokumentationsarchiv des
Österreichischen Widerstandes, Wien), Mag. Dr. Peter Pirker (Institut für Zeitgeschichte, Uni-
versität Innsbruck), Prof. Dr. Markus Reisenleitner (Department of Humanities, York University,
Toronto), Dr.[in] Elisabeth Röhrlich (Institut für Geschichte, Universität Wien), ao. Univ.-Prof.[in]
Dr.[in] Karin M. Schmidlechner-Lienhart (Institut für Geschichte/Zeitgeschichte, Universität Graz),
Univ.-Prof. i. R. Mag. Dr. Friedrich Stadler (Wien), Assoc.-Prof. Dr. Gerald Steinacher (University
of Nebraska), Assoz.-Prof. DDr. Werner Suppanz (Institut für Geschichte/Zeitgeschichte, Uni-
versität Graz), Univ.-Prof. Dr. Philipp Ther, MA (Institut für Osteuropäische Geschichte, Uni-
versität Wien), Prof. Dr. Stefan Troebst (Leibniz-Institut für Geschichte und Kultur des östlichen
Europa, Universität Leipzig), Prof. Dr. Michael Wildt (Institut für Geschichtswissenschaften,
Humboldt-Universität zu Berlin).

zeitgeschichte
47. Jg., Heft 4 (2020)

# Annotieren – visualisieren – analysieren
# Computergestützte qualitative Methoden für die Zeitgeschichte

Herausgegeben von
Ingrid Böhler, Andrea Brait und Sarah Oberbichler

V&R unipress

Vienna University Press

# Inhalt

Ingrid Böhler / Andrea Brait / Sarah Oberbichler

## Editorial: Computergestützte qualitative Methoden für die Zeitgeschichte – Beispiele aus der Praxis

„Annotieren – visualisieren – analysieren" sind die Leitworte, die sich durch die Beiträge dieses Heftes ziehen. Sie verweisen darauf, dass methodische Herangehensweisen zeithistorischer Projekte sowie geschichtsdidaktischer Forschung zur Zeitgeschichte im Vordergrund stehen, wiewohl auch aufgezeigt wird, welche Ergebnisse daraus gewonnen werden können.

Die zentralen methodologischen Fragen, die alle drei Beiträge eint, können wie folgt zusammengefasst werden: Wie können qualitativ Forschende mit der zunehmenden Anzahl von retrodigitalisierten sowie digital entstandenen Quellen für die Geschichtswissenschaften umgehen? Wie können digitale Werkzeuge (im vorliegenden Fall insbesondere QDA-Software) in einem Forschungsprozess mit bereits etablierten Forschungsmethoden, wie der Diskursanalyse, verknüpft werden und wie verändert sich das wissenschaftliche Arbeiten, wenn anstelle von Lücken in der historischen Überlieferung nach komplexen Mustern in Informationsmassen[1] gesucht werden muss?[2]

Versuche, die sich verändernden Arbeitsweisen in der geschichtswissenschaftlichen und empirischen geschichtsdidaktischen Forschung durch die Nutzung von bestimmten Programmen bzw. das Heranziehen von digitalen Methoden[3] zu charakterisieren, sind nach wie vor rar.[4] Nicht nur lehnen sich die historischen Wissenschaften bei der Untersuchung von gesellschaftlichen Vorgängen, Deutungsmustern, Wirklichkeitskonzepten oder -konstruktionen sowie narrativen

---

1 Vgl. Wolfgang Schmale, Big Data in den historischen Kulturwissenschaften, in: Wolfgang Schmale (Hg.), Digital Humanities. Praktiken der Digitalisierung, der Dissemination und der Selbstreflexivität, Stuttgart 2015, 125–137.

2 Vgl. Peter Haber, Zeitgeschichte und Digital Humanities, in: Docupedia-Zeitgeschichte, 2012, DOI: 10.14765/ZZF.DOK.2.269.V1.

3 Digitale Methoden werden in diesem Heft wie folgt definiert: Die Verwendung von digitalen Technologien für die Sammlung, Strukturierung und Analyse von Forschungsdaten (on- oder offline).

4 Vgl. Daniel Burckhardt/Alexander Geyken/Achim Saupe/Thomas Werneke, Distant Reading in der Zeitgeschichte. Möglichkeiten und Grenzen einer computergestützten Historischen Semantik am Beispiel der DDR-Presse, in: Zeithistorische Forschungen (2019) 1, 177–196.

Identitäten an die Sozial-, Kultur- oder Sprachwissenschaften an, auch die Vorgangsweise bei computergestützten Methoden zur Unterstützung – oder überhaupt: Ermöglichung – qualitativer Auswertungen wird aus unterschiedlichsten Disziplinen entlehnt.[5] Weil sich Methoden aus den Sozial- oder Kulturwissenschaften – die sich wiederum häufig an den Naturwissenschaften orientieren – jedoch nicht ohne Weiteres auf Forschungen zur Zeitgeschichte übertragen lassen, ist eine Reflexion über Anpassungen von methodischen Ansätzen an die eigene Disziplin unerlässlich. Marten Düring und Linda von Keyserlingk plädierten in ihren Untersuchungen zur historischen Netzwerkanalyse beispielsweise dafür, dass die Stärken der Methoden anderer Disziplinen mit den Vorteilen der traditionellen historischen Forschung verbunden werden sollten. In anderen Worten heißt dies, dass Quellen kritisch betrachtet, mit Hilfe von geeigneten technischen Tools analysiert und die Ergebnisse mit traditionellen geschichtswissenschaftlichen Methoden interpretiert werden können.[6] Diese Verknüpfung oder Vermischung von Methoden scheint plausibel, wenn auch die Akzeptanz von historischen Studien, die mit „mixed methods"[7] arbeiten, also quantitative mit qualitativen Auswertungen verbinden, in der Zeitgeschichte nur langsam zunimmt, während die empirische geschichtsdidaktische Forschung zunehmend darauf setzt.[8]

Auch wenn sich „Digital History", die unter anderem neue methodische Zugangsweisen erschließt, immer noch in unterschiedlichen Entwicklungs- und Ausbauprozessen befindet, so ist doch festzustellen, dass die Digitalisierung nicht erst seit der Umstellung vieler Arbeitsschritte auf digitale Formen (man denke beispielsweise an notwendig gewordenes Lesen von digital verfügbarer Literatur) in den Geschichtswissenschaften allgegenwärtig geworden ist. So gut wie in allen Phasen des historischen Arbeitens sind digitale Infrastrukturen oder Werkzeuge wie Online-Bibliothekskataloge, Archivdatenbanken, Inhalte aus dem Internet, digitale Datenbearbeitung usw. präsent. Dabei ähneln sich Online-Recherchen und

---

5  Vgl. Udo Kelle, Mixed Methods, in: Nina Baur/Jörg Blasius (Hg.), Handbuch Methoden der empirischen Sozialforschung, Wiesbaden 2014, 151–166, 151–152; Cornelia Helfferich, Die Qualität qualitativer Daten: Manual für die Durchführung qualitativer Interviews (Lehrbuch), Wiesbaden ⁴2011, 21–54; 21.

6  Vgl. Marten Düring/Linda von Keyserlingk, Netzwerkanalyse in den Geschichtswissenschaften. Historische Netzwerkanalyse als Methode für die Erforschung von historischen Prozessen, in: Rainer Schützeichel/Stefan Jordan (Hg.), Prozesse: Formen, Dynamiken, Erklärungen, Wiesbaden 2015, 337–350.

7  Vgl. Charles Teddlie/Abbas Tashakkori, Overview of Contemporary Issues in Mixed Methods Research, in: Abbas Tashakkori/Charles Teddlie (Hg.), Sage Handbook of Mixed Methods in Social & Behavioral Research, Los Angeles/London/New Dehli/Singapore/Washington DC 2010, 1–41.

8  Vgl. Doren Prinz/Holger Thünemann, Mixed-Methods-Ansätze in der empirischen Schul- und Unterrichtsforschung. Möglichkeiten und Grenzen für die Geschichtsdidaktik, in: Holger Thünemann/Meik Zülsdorf-Kersting (Hg.), Methoden geschichtsdidaktischer Unterrichtsforschung, Schwalbach/Ts. 2016, 229–253.

Recherchen in verstaubten Archivmaterialien genauso wie das Annotieren mit bunten Stiften und das computergestützte „Taggen" von digitalen oder digitalisierten Quellen. Diese Hybridität von klassischen und digitalen Vorgangsweisen bringt aber letztlich auch eine methodische und epistemologische Herausforderung mit sich. Neben den etablierten Methoden ist zusätzlich der kritische Umgang mit neuen Techniken, Begriffen und Konzepten zu erlernen, die meist aus anderen Disziplinen entlehnt werden.[9] Dies führt mitunter zu Schwierigkeiten in der Abgrenzung von methodischen Vorgehensweisen und der Festlegung von einheitlichen Begriffsdefinitionen und -benennungen. Zentral erscheint hierbei die Frage, was digitale Methoden überhaupt sind:[10] Wie sind etwa Forschungen einzuordnen, die z. B. die Qualitative Inhaltsanalyse verwenden, also eine *vor* der Digitalisierung entwickelte Methode, und dafür eine QDA-Software einsetzen? In welchem Verhältnis stehen sie zu Projekten, in denen selbst die Quellen der digitalen Welt entstammen? Ebenso zeigen sich unterschiedliche Ansätze zur Beschreibung von methodischen Vorgehensweisen. So wird für das Hinzufügen von Kategorien zu bestimmten Text-, Bild- oder Videoeinheiten einerseits der aus der Sozialwissenschaft entlehnte Begriff des „Codierens" verwendet, auf der anderen Seite aber auch der in den digitalen Geisteswissenschaften üblichere Begriff des „Annotierens", der Beifügungen in einem weiteren Sinne meint (etwa auch das Anbringen von Notizen, Kommentaren etc.). Wenn im Titel dieses Heftes also der Begriff „Annotieren" verwendet wird, dann schließt dieser „Codieren" mit ein.

Die hier versammelten Beiträge zielen auf methodologische Reflexionen in den zunehmend hybriden Geschichtswissenschaften anhand konkreter Forschungsbeispiele ab und beziehen sich dabei auf unterschiedliche Fragestellungen, Quellengrundlagen und Themenfelder. Andrea Brait arbeitet mit Experteninterviews mit 85 Geschichtslehrkräften, die transkribiert und somit für die digitale Auswertung aufbereitet wurden. Dabei geht sie der Frage nach, was sich Lehrpersonen in Österreich von Gedenkstättenbesuchen im Rahmen des Geschichtsunterrichts erwarten und welche Erfahrungen sie mit solchen haben. Die qualitative Analysesoftware MAXQDA zieht sie heran, um die Durchführung der inhaltlich strukturierenden qualitativen Inhaltsanalyse technisch zu unterstützen. Sarah Oberbichler setzt sich mit retrodigitalisierten historischen Tageszeitungen auseinander, um Argumentationsstrukturen in Migrationsdiskursen zu untersuchen. Mit Hilfe der qualitativen Analysesoftware Atlas.ti gelingt es ihr, über 20.000 Zeitungsartikel aus den Südtiroler Tageszeitungen „Dolomiten" und „Alto Adige" zu annotieren, strukturieren und visualisieren. Eva Pfanzelter

---

9 Vgl. Andreas Fickers, Update für die Hermeneutik. Geschichtswissenschaft auf dem Weg zur digitalen Forensik?, in: Zeithistorische Forschungen 17 (2020) 1, 157–168.

10 Vgl. Mareike König, Methoden der digitalen Geschichtswissenschaft – Einleitung #dguw15, in: digitale:geschichte (blog), URL: https://dguw.hypotheses.org/108 (abgerufen 20.7.2020).

schließlich setzt sich in ihrer Erforschung von Holocaust-Websites aus der
Wayback Machine des Internet Archive mit „digital geborenen" Quellenbe-
ständen auseinander. Um die Diskursstränge Holocaust, Erinnerung und Internet historisch und gegenwartsbezogen zu analysieren, wählt Pfanzelter die
Methode der Online-Inhaltsanalyse, wobei die Identifikation von zentralen Akteursnetzwerken zur Korpusbildung beitrug. Als Annotationswerkzeug für die
Inhaltsanalyse verwendet sie die Software NVivo. Exemplarisch veranschauli-
chen die vorgestellten Projekte, dass die Leitworte „Annotieren – Visualisieren –
Analysieren", um zum Titel dieses Heftes zurückzukehren, nicht als starre
chronologische Abfolge von Arbeitsschritten missverstanden werden dürfen,
sondern im stetigen Austausch miteinander stehen.

Die Rubrik „zeitgeschichte extra" ist in diesem Heft dem 13. Österreichischen
Zeitgeschichtetag gewidmet – der Form nach ein dokumentarischer und ein lite-
rarischer Text, wurden diese ausnahmsweise nicht dem sonst üblichen Review-
verfahren unterzogen. Organisiert vom Institut für Zeitgeschichte der Universität
Innsbruck ging der Zeitgeschichtetag vom 16. bis 18. April 2020 über die Bühne.
Der Ausbruch der Corona-Krise führte dazu, dass diese zweijährlich stattfindende,
zentrale Fachtagung der österreichischen Zeitgeschichtsforschung kurzfristig in
ein virtuelles Format umgewandelt wurde. Der Innsbrucker Zeitgeschichtetag
kann damit für sich in Anspruch nehmen, als erste große geschichtswissenschaftliche Konferenz im deutschsprachigen Raum auf die Corona-Krise nicht mit
Absage oder Verschiebung reagiert zu haben. Ingrid Böhler und Dirk Rupnow,
beide Mitglieder des Organisationsteams, reflektieren in ihrem Rückblick die
ungewöhnlichen Rahmenbedingungen der Veranstaltung, ohne dabei aber auf die
Anforderungen bzw. Herausforderungen, mit denen sich die zeithistorische Zunft
„vor und nach Corona" konfrontiert sieht, zu vergessen. Auch der diesjährige
Zeitgeschichtetag war unter ein inhaltliches Motto gestellt worden. Nach Jahren
voller Jubiläen, die die Arbeit von ZeithistorikerInnen nicht wenig bestimmten,
erschien „Nach den Jubiläen" ein passender Titel, um die gesellschaftliche Bedeutung der Zeitgeschichte, ihre Verschränkung mit Erinnerungskulturen und
Geschichtspolitik auszuloten, aber ebenso, um darüber nachzudenken, was der
ständige Ausnahmezustand von Jubiläen und Jahrestagen für den Normalbetrieb
unserer Wissenschaft bedeutet, ob ZeithistorikerInnen Getriebene der Öffentlichkeit sind oder die Jubiläen für sich nutzen können. Michael Köhlmeier, bekannt
als Romancier und begnadeter Erzähler, der am 4. Mai 2018 bei einer Gedenkveranstaltung des Parlaments gegen Gewalt und Rassismus im Gedenken an die
Opfer des Nationalsozialismus die kürzeste, aber auch aufsehenerregendste und
pointierteste Rede des gesamten offiziellen Gedenk- und Erinnerungsjahres 2018
gehalten hatte, war der ideale Keynote-Speaker. Seine hier abgedruckte Eröff-
nungsrede enthält starke autobiografische Bezüge und lädt zur Auseinandersetzung mit dem Konnex von Zeitgeschichte und Literatur ein.

# Artikel

Andrea Brait

# Einstellungen von österreichischen Geschichtslehrkräften zu Gedenkstättenbesuchen. Eine Analyse mithilfe von MAXQDA

## I.   Gesellschaftspolitische Grundlagen

Im deutschsprachigen Raum wird der Holocaust[1] heute als „Gründungsmythos Europas" verstanden, wie Aleida Assmann betont.[2] Die Beschäftigung mit den NS-Verbrechen wird als Chance gesehen, auch aktuelle Probleme wie Rassismus und Diskriminierung zu thematisieren und die Gesellschaft für Menschenrechtsverletzungen zu sensibilisieren.[3] Lange Zeit wurden diese Anliegen hauptsächlich von Gedenkvereinen und Gedenkstätten verfolgt. Dies betrifft auch die bereits 1949 eröffnete KZ-Gedenkstätte Mauthausen.[4] Nachdem diese zunächst als Beleg für die Opferthese politisch instrumentalisiert wurde, interessierten sich staatliche Stellen bis in die 1970er-Jahre kaum für Mauthausen.[5] Gleichzeitig wurde das Gedenken quasi dorthin ausgelagert und andere Orte der NS-Verbrechen wurden vernachlässigt.[6] In Ebensee, Gusen und Melk sowie im Schloss Hartheim und im Otto Wagner-Spital der Stadt Wien entstanden nicht

---

1 In der nachfolgenden Analyse wird der Begriff Holocaust verwendet, um die „Vernichtung aller Opfer des nationalsozialistischen Genozids" zu bezeichnen. Vgl. Holocaust, in: Thorsten Eitz/Georg Stölzel (Hg.), Wörterbuch der „Vergangenheitsbewältigung". Die NS-Vergangenheit im öffentlichen Sprachgebrauch, Hildesheim 2007, 318–341, 334.

2 Aleida Assmann, Die Erinnerung an den Holocaust. Vergangenheit und Zukunft, in: Hanns-Fred Rathenow/Birgit Wenzel/Norbert H. Weber (Hg.), Handbuch Nationalsozialismus und Holocaust. Historisch-politisches Lernen in Schule, außerschulischer Bildung und Lehrerbildung (Politik und Bildung 66), Schwalbach/Ts. 2013, 67–78, 68.

3 Vgl. Angelika Schoder, Die Vermittlung des Unbegreiflichen. Darstellungen des Holocaust im Museum, Frankfurt am Main/New York 2014, 11–12.

4 Vgl. u. a. Barbara Glück, Die Neugestaltung der KZ-Gedenkstätte Mauthausen, in: Dokumentationsarchiv des österreichischen Widerstandes (Hg.), Forschungen zum Nationalsozialismus und dessen Nachwirkungen in Österreich, Wien 2012, 313–325, 313–315.

5 Vgl. Bertrand Perz, Die Rolle der KZ-Gedenkstätte Mauthausen in der österreichischen Gedächtnislandschaft seit 1945, in: Historische Sozialkunde (2003) 4, 8–10, 8–9.

6 Vgl. Bernhard Denkinger/Ulrike Felber, Zeitgeschichte Museum Ebensee. Ein „Haus der Geschichte" im Salzkammergut, in: neues museum (2000) 1/2, 57–61, 58.

zuletzt deswegen erst viel später Gedenkstätten.[7] Die Fokussierung auf Mauthausen blieb bis heute erhalten – so wird beispielsweise beim Staatsbürger-
schaftstest einzig nach dem größten Konzentrationslager gefragt.[8]

Wesentlicher Ausgangspunkt für den derzeitigen öffentlichen Umgang mit
dem Holocaust in Österreich war die sogenannte Waldheim-Affäre 1986/87,[9] die
dazu führte, dass der durch die Moskauer Deklaration von 1943 begründete, in
der österreichischen Unabhängigkeitserklärung 1945 zitierte und in den folgenden Jahrzehnten beharrlich weiter tradierte Opfermythos zunehmend ins
Wanken geriet. Dass sich der veränderte gesellschaftliche Diskurs auch auf den
Schulunterricht auswirkte, ist anzunehmen, doch sind die Berichte von Lernenden, welche die Ausblendung des Holocaust im Geschichtsunterricht bis in
die 1980er-Jahre beklagten, nicht empirisch belegt.[10] Klar ist jedoch, dass im Jahr
2014 noch immer 43 Prozent der Befragten einer repräsentativen Studie
(n=1.015) der Aussage, dass Österreich das erste Opfer des Nationalsozialismus
gewesen sei, (sehr oder ziemlich) zustimmten.[11] Dies kann als späte Folge der

---

7 Vgl. dazu u. a. Bertrand Perz, Die Ausstellungen in den KZ-Gedenkstätten Mauthausen,
   Gusen und Melk, in: Dirk Rupnow/Heidemarie Uhl (Hg.), Zeitgeschichte ausstellen in
   Österreich. Museen, Gedenkstätten, Ausstellungen, Wien/Köln/Weimar 2011, 87–116.
8 Vgl. Bundeskanzleramt Österreich, Online Übungstest, URL: http://www.staatsbuergerschaft.
   gv.at/index.php?id=24 (abgerufen 22. 7. 2020).
9 Vgl. u. a. Cornelius Lehnguth, Waldheim und die Folgen. Der parteipolitische Umgang mit
   dem Nationalsozialismus in Österreich (Studien zur historischen Sozialwissenschaft 35),
   Frankfurt am Main/New York 2013; Michael Gehler, Die Affäre Waldheim. Eine Fallstudie zur
   Instrumentalisierung der NS-Vergangenheit zur politischen Vorteilsverschaffung 1986–1988,
   in: Geschichte in Wissenschaft und Unterricht 69 (2018) 1/2, 67–85.
10 Auch über die Ursachen kann nur gemutmaßt werden: Im traditionell chronologisch ange-
   legten Unterricht wurde viel Zeit in die Behandlung voriger Epochen investiert, sodass für die
   Behandlung der Jahre nach dem Ersten Weltkrieg kaum Zeit blieb. Vgl. Christoph Kühberger/
   Herbert Neureiter, Zum Umgang mit Nationalsozialismus, Holocaust und Erinnerungskultur. Eine quantitative Untersuchung bei Lernenden und Lehrenden an Salzburger Schulen
   aus geschichtsdidaktischer Perspektive, Schwalbach/Ts 2017, 13. Hinweise auf den Umgang
   mit der NS-Zeit und dem Holocaust im österreichischen Geschichtsunterricht liefern neben den Lehrplänen die Schulbücher. Vgl. Heinz P. Wassermann, Verfälschte Geschichte
   im Unterricht. Nationalsozialismus und Österreich nach 1945, Innsbruck/Wien/München/
   Bozen 2004; Ina Markova, Wie Vergangenheit neu erzählt wird. Der Umgang mit der NS-Zeit
   in österreichischen Schulbüchern, Marburg 2014; Wolfgang Bilewicz, Die Bedeutung des
   Holocaust in den Schulbüchern und Curricula für Geschichte und Sozialkunde/Politische
   Bildung in der Sekundarstufe 1. Ein historisch-pädagogischer Vergleich zwischen Bayern und
   Österreich, phil. Diss., Universität Linz 2015.
11 Vgl. Oliver Rathkolb/Martina Zandonella/Günther Ogris, NS-Geschichtsbewusstsein und
   autoritäre Einstellungen in Österreich, URL: http://www.zukunftsfonds-austria.at/down
   load/SORA_13069_Pressepapier_Geschichtsbewusstsein_autoritaere_Einstellungen.pdf
   (abgerufen 1. 9. 2019), 4.

marginalen Bedeutung gesehen werden, die die Holocaust-Education an Österreichs Schulen bis in die 1980er-Jahre hatte.[12]

Zu Beginn des 21. Jahrhunderts sind weitere gesellschaftliche Änderungen im Gange, die dazu führen, dass Gedenkstätten zunehmend an Bedeutung gewinnen. Einerseits fehlen bald die Überlebenden für persönliche Berichte, andererseits wird der Holocaust immer vielfältiger medial aufbereitet. Nicht nur Spielfilme und TV-Sendungen aller Art beeinflussen das Geschichtsbewusstsein, sondern mittlerweile ist der Nationalsozialismus auch Gegenstand von zahlreichen digitalen Neuverhandlungen bis hin zu Instagram-Stories oder PC-Spielen, in denen auch kontrafaktische Geschichten möglich sind.[13] Doch nicht nur die Angebote von Geschichtsinterpretationen verändern sich, sondern auch die Gesellschaft, die diese nutzen kann. In der empirischen Untersuchung von Christoph Kühberger und Herbert Neureiter zeigte sich beispielsweise, dass Jugendliche mit Migrationshintergrund[14] eher als Jugendliche ohne einen solchen die Meinung vertreten, dass der Nationalsozialismus und der Holocaust für sie keine Bedeutung habe.[15] Meik Zülsdorf-Kersting stellte in seiner Studie fest, dass deutsche Jugendliche Identität konstruieren, „indem sie traditionale Sinnbildung über die Herstellung von Kontinuität zwischen sich und der unschuldigen Mehrheitsbevölkerung leisteten. Im Unterschied dazu waren Jugendliche mit Migrationshintergrund sehr wohl zur Verurteilung der Täter und Zuschauer des Holocaust in der Lage."[16] Bettina Alavi sieht daher große Chancen für die Geschichtsvermittlung in zusammengesetzten Gruppen: Jugendliche mit Migrationshintergrund seien folglich in der Lage, die anderen zu einem Perspektivwechsel und einer kritischen Reflexion ihrer Identitätskonstrukte anzuregen.[17]

---

12 Vgl. Heribert Bastel/Christian Matzka/Helene Miklas, Holocaust education in Austria: A (hi)story of complexity and ambivalence, in: Prospects 40 (2010), 57–73, 63.

13 Auf die Website zu „Through the Darkest of Times", dem ersten Spiel, das auch in der deutschsprachigen Fassung NS-Symbole enthält, wird auf die Frage, ob die Geschichte verändert werden kann, geantwortet: „We are convinced, that history is an extraction of stories that people experience and create with their thoughts, words and deeds." Through the Darkest of Times, URL: https://paintbucket.de/en/ttdot (abgerufen 17.8.2019).

14 „Migrationshintergrund" wird in den Untersuchungen unterschiedlich definiert. Meik Zülsdorf-Kersting erfragte die Staatsangehörigkeit, Christoph Kühberger und Herbert Neureiter erfragten, ob die Lernenden, deren Eltern und/oder deren Großeltern im Ausland geboren wurden.

15 Vgl. Kühberger/Neureiter, Zum Umgang, 110–111.

16 Meik Zülsdorf-Kersting, Sechzig Jahre danach: Jugendliche und Holocaust. Eine Studie zur geschichtskulturellen Sozialisation (Geschichtskultur und historisches Lernen 2), Berlin 2007, 466.

17 Vgl. Bettina Alavi, Herausforderungen an eine „Erziehung nach Auschwitz" in der multikulturellen Gesellschaft, in: Hanns-Fred Rathenow/Birgit Wenzel/Norbert H. Weber (Hg.), Handbuch Nationalsozialismus und Holocaust. Historisch-politisches Lernen in Schule, außerschulischer Bildung und Lehrerbildung (Politik und Bildung 66), Schwalbach/Ts. 2013, 79–94, 84.

Diese grundlegenden gesellschaftspolitischen Voraussetzungen bringen zweifellos Chancen, aber auch Herausforderungen für den Geschichtsunterricht mit sich. Studien zu den Unterrichtsthemen Nationalsozialismus und Holocaust zeigen, dass Lehrkräfte mit den erreichbaren Zielen oft unzufrieden sind und die gewünschten Effekte nicht erreichen können.[18] In der nachfolgenden geschichtsdidaktischen Analyse wird ausgehend von diesen Befunden untersucht, welche Erwartungen Lehrpersonen an Gedenkstättenbesuche richten und welche Erfahrungen sie mit solchen haben. Welche Potentiale sehen österreichische Geschichtslehrkräfte in dieser Form der Geschichtskultur? Damit reiht sich die Untersuchung in jene zu außerschulischen Lernorten einerseits und zu den *beliefs* von Geschichtslehrkräften andererseits ein. Besonders in den Blick genommen wird in der Folge die computergestützte Umsetzung der Analyse.

## II.   Geschichtsdidaktische Beschäftigung mit der Geschichtskultur

Obwohl sich die Geschichtsdidaktik lange Zeit hauptsächlich für den schulischen Geschichtsunterricht interessierte, ist bereits seit der von Karl-Ernst Jeismann am Mannheimer Historikertag 1976 präsentierten Definition, die bis heute grundlegend und gewissermaßen kleinster gemeinsamer Nenner aller seither entwickelten – und teilweise konkurrierenden – Theorien (insbesondere der verschiedenen Kompetenzmodelle) ist,[19] der Gegenstandsbereich vom schulischen Geschichtslernen auf die Geschichtsvermittlung in der Gesellschaft ausgeweitet.[20] Die geschichtsdidaktische Forschung beschäftigt sich jedoch erst seit wenigen Jahren intensiv mit der Geschichtskultur und dem außerschulischen Geschichtslernen.

Das Forschungsprojekt „Historisches Lernen zwischen Schule und Museum", auf dem die nachfolgende Analyse basiert, geht noch einen Schritt weiter als die meisten bisher vorgelegten Studien und beschäftigt sich – ausgehend von der Überlegung, dass das Aufsuchen von außerschulischen Lernorten „fachdidak-

---

18  Vgl. Wolfgang Meseth/Matthias Proske/Frank-Olaf Radke, Schule und Nationalsozialismus. Anspruch und Grenzen des Geschichtsunterrichts, in: Wolfgang Meseth/Matthias Proske/ Frank-Olaf Radke (Hg.), Schule und Nationalsozialismus. Anspruch und Grenzen des Geschichtsunterrichts (Wissenschaftliche Reihe des Fritz-Bauer-Instituts 11), Frankfurt am Main 2004, 9–30, 13–18.

19  Vgl. u. a. Barbara Hanke, Dimensionen des Geschichtsbewusstseins 2.0 – ein Vorschlag, in: Zeitschrift für Didaktik der Gesellschaftswissenschaften 10 (2019) 1, 124–184.

20  Karl-Ernst Jeismann, Didaktik der Geschichte. Die Wissenschaft von Zustand, Funktion und Veränderung geschichtlicher Vorstellungen im Selbstverständnis der Gegenwart, in: Erich Kosthorst (Hg.), Geschichtswissenschaft. Didaktik, Forschung, Theorie, Göttingen 1977, 9–33, 12.

tisch inspiriert und sinnvoller Bestandteil einer Unterrichtseinheit sein"[21] sollte – insbesondere mit der Einbettung von außerschulischen Aktivitäten in den Prozess des historischen Lernens im Unterricht. Der Fokus des Projekts liegt auf Museumsbesuchen, wobei jedoch im Zuge von Experteninterviews mit Lehrkräften (n=85) auch Meinungen zu und Erfahrungen mit Gedenkstättenbesuchen erhoben wurden, welche die Grundlage der folgenden Analyse darstellen. Nicht berücksichtigt werden an dieser Stelle die darüber hinaus durchgeführten Interviews in den österreichischen Landesmuseen (n=9), die Beobachtung von Schulklassen (n=11) vor, während und nach Museumsbesuchen sowie die Erhebung von Performanzen der Lernenden am Ende der beobachteten Museumsbesuche (n=202).[22]

Der gemeinsame Rahmen des schulischen wie des außerschulischen Lernens wird durch Verordnungen festgelegt, die sich immer wieder ändern. In Österreich wurde mit dem Schuljahr 2016/17 ein neuer Lehrplan für die Sekundarstufe I eingeführt. Für die 8. Schulstufe ist ein „Einblick vom 20. Jahrhundert bis zur Gegenwart" vorgesehen. Eines von neun Modulen, die zu behandeln sind, ist dem Thema „Geschichtskulturen – Erinnerungskulturen – Erinnerungspolitik" gewidmet. Hierbei sollen die Lernenden unter anderem „Denkmäler, Gedenkstätten und Zeitzeugenberichte (Videoarchive) analysieren und kontextualisieren", „[ö]ffentliche Erinnerungskulturen zum Holocaust und zum Zweiten Weltkrieg analysieren sowie [...] historische und politische Darstellungen zum Opfermythos de-konstruieren".[23] Damit ist per Verordnung geregelt, dass und in welcher Form sich die Lernenden in der Sekundarstufe I im Fach Geschichte und Sozialkunde/Politische Bildung mit Gedenkstätten befassen sollen.

Neben dem Lehrplan wurde von staatlicher Seite in verschiedenen Erlässen deutlich gemacht, was von Geschichtslehrkräften in Bezug auf die Thematisierung des Holocaust im Unterricht erwartet wird. Hierbei fällt insbesondere die – auch in den Lehrplänen verankerte – Verbindung des historischen Lernens mit dem politischen auf.[24] Die Beschäftigung mit dem Holocaust sollte also in enger

---

21  Berit Pleitner, Außerschulische historische Lernorte, in: Michele Barricelli/Martin Lücke (Hg.), Handbuch Praxis des Geschichtsunterrichts, Band 2, Schwalbach/Ts. 2012, 290–307, 294.

22  Das Forschungsdesign wurde vorgestellt in: Andrea Brait, Geschichtsvermittlung im Museum. Geschichtsdidaktische Forschungen zu den österreichischen Landesmuseen, in: Peter Gautschi/Armin Rempfler/Barbara Sommer Häller/Markus Wilhelm (Hg.), Aneignungspraktiken an ausserschulischen Lernorten. Tagungsband zur 5. Tagung Ausserschulische Lernorte der PH Luzern vom 9. und 10. Juni 2017 (Ausserschulische Lernorte – Beiträge zur Didaktik 5), Zürich 2018, 115–119.

23  Änderung der Verordnung über die Lehrpläne der allgemein bildenden höheren Schulen; Änderung der Bekanntmachung der Lehrpläne für den Religionsunterricht an diesen Schulen, BGBl. II 113/2016.

24  Vgl. u. a. Kühberger/Neureiter, Zum Umgang, 15.

Verbindung zu aktuellen Ausprägungen von Antisemitismus, Diskriminierung und Rassismus stehen. Dieser Grundgedanke war auch für die KZ-Gedenkstätte Mauthausen bei der Neukonzeption des Vermittlungsprogramms entscheidend, wobei insbesondere die individuelle Auseinandersetzung mit der Geschichte gefördert werden soll, denn „[n]icht bei ideologischen oder moralischen Erklärungen, sondern bei dieser Selbstreflexion des Ich setzt politische Bildung ein."[25] Um Lehrkräfte über die Ausbildung hinaus mit der Vermittlung des Holocaust vertraut zu machen, werden zahlreiche Fortbildungen angeboten, u. a. ein Lehrgang „Holocaust. Erinnerungskulturen. Geschichtsunterricht", der eine zweiwöchige Studienreise nach Israel beinhaltet.[26]

## III.   Auf die Lehrkraft kommt es an!?

Lehrkräfte spielten lange „eine marginale, eine untergeordnete Rolle" im geschichtsdidaktischen Diskurs, wie Wolfgang Hasberg betont.[27] In den letzten Jahren entstanden jedoch zahlreiche Studien zu Einstellungen, Handlungsweisen und Kompetenzen von Lehrpersonen.[28] Diese Forschungen wurden wesentlich durch die auch öffentlich breit diskutierten Forschungsergebnisse von John Hattie beeinflusst, die deutlich machten, dass Lehrkräfte mehr Einfluss auf die Leistung der Lernenden haben als schulisch-strukturelle Faktoren, wie Eltern, Peers, Schulleitung sowie die Schule selbst.[29]

Eine Möglichkeit, um sich den Einstellungen von Lehrkräften zu nähern, stellen Experteninterviews dar. Die empirische geschichtsdidaktische Forschung (und so auch das Projekt „Historisches Lernen zwischen Schule und Museum")

---

25  Yariv Lapid/Christian Angerer/Maria Ecker, „Was hat es mit mir zu tun?" Das Vermittlungskonzept an der KZ-Gedenkstätte Mauthausen, in: Bundesministerium für Inneres, Abteilung IV/7 (Hg.), „Was hat es mit mir zu tun?" Zum Vermittlungskonzept an der KZ-Gedenkstätte Mauthausen, Wien 2015, 6–15, 11.

26  Vgl. Verein Nationalsozialismus und Holocaust: Gedächtnis und Gegenwart, Seminare in Israel – Lehren und Lernen über den Holocaust in Israel, URL: http://www.erinnern.at/bundeslaender/oesterreich/aktivitaten/israel-seminare-neu (abgerufen 21.7.2020).

27  Wolfgang Hasberg, Historiker oder Pädagoge? Geschichtslehrer im Kreuzfeuer der Kompetenzdebatte, in: Zeitschrift für Geschichtsdidaktik 9 (2010), 159–179, 160.

28  Vgl. u. a. Christian Heuer/Mario Resch/Manfred Seidenfuß, Geschichtslehrerkompetenzen? Wissen und Können geschichtsdidaktisch, in: Zeitschrift für Didaktik der Gesellschaftswissenschaften 8 (2017) 2, 158–176; Katharina Litten, Wie planen Geschichtslehrkräfte ihren Unterricht? Eine empirische Untersuchung der Unterrichtsvorbereitung von Geschichtslehrpersonen an Gymnasien und Hauptschulen (Beihefte zur Zeitschrift für Geschichtsdidaktik 14), Göttingen 2017.

29  Vgl. John Hattie, Teachers Make a Difference: What is the Research Evidence?, URL: http://www.educationalleaders.govt.nz/Pedagogy-and-assessment/Building-effective-learning-environments/Teachers-Make-a-Difference-What-is-the-Research-Evidence (abgerufen 22.8. 2019).

greift damit – ähnlich wie die Didaktiken anderer Fächer – auf sozialwissenschaftliche Forschungsmethoden zurück, die freilich auch schon längst in den Geschichtswissenschaften angekommen sind.[30] Wie Manuel Köster betont, sind genuin geschichtsdidaktische Methoden auch kaum vorstellbar;[31] die Besonderheit der Geschichtsdidaktik ergibt sich vielmehr aus ihren Kategorien und Fragestellungen.[32]

## 3.1  Experteninterviews mit Lehrkräften

Bei Experteninterviews werden traditionell Personen befragt, die in ihren alltäglichen sozialen Kontexten spezifisches (Handlungs-)Wissen erworben haben. Für die Forschung sind weniger die Biographien der Personen von Interesse, sondern diese fungieren als ein Medium, um sich einem Sachverhalt zu nähern.[33] Bei der Befragung von Geschichtslehrkräften geht es also – zumindest im vorliegenden Fall – nicht um eine Erhebung von geschichtsdidaktischen Kenntnissen, sondern um Ansichten zur praktischen Durchführung des schulischen Geschichtsunterrichts. Da jedoch die Forschenden über spezifisches geschichtsdidaktisches Wissen verfügen, ist die größte Gefahr bei solchen Interviews eine Verurteilung von Wissenslücken bzw. fehlenden Kenntnissen in Bezug auf die Ansprüche der modernen Geschichtsdidaktik. Damit ginge die Chance verloren, die tatsächlichen Einstellungen der Lehrkräfte zu erforschen.[34] Zentral für die Interviewdurchführung war daher aktives Zuhören: Die Lehrkräfte wurden dazu ermutigt, persönliche Sichtweisen einzubringen – diese wurden nicht bewertet, auch wenn sie aus Sicht der Projektleiterin problematisch waren.[35] Für die Interviews wurde immer viel Zeit eingeplant, sodass die Lehrpersonen ihre An-

---

30  Vgl. u. a. Dorothee Wierling, Geschichte, in: Uwe Flick/Ernst von Kardorff/Heiner Keupp/ Lutz von Rosenstiehl/Stephan Wolff (Hg.), Handbuch Qualitative Sozialforschung. Grundlagen, Konzepte, Methoden und Anwendungen, Weinheim 2012, 47–52.

31  Vgl. Manuel Köster, Methoden empirischer Sozialforschung aus geschichtsdidaktischer Perspektive. Einleitung und Systematisierung, in: Holger Thünemann/Meik Zülsdorf-Kersting (Hg.), Methoden geschichtsdidaktischer Unterrichtsforschung, Schwalbach/Ts. 2016, 9–62, 9.

32  Vgl. Saskia Handro/Bernd Schönemann, Zur Einleitung, in: Saskia Handro/Bernd Schönemann (Hg.), Methoden geschichtsdidaktischer Forschung (Zeitgeschichte – Zeitverständnis 10), Münster 2002, 3–10, 4–5.

33  Vgl. u. a. Jochen Gläser/Grit Laudel, Experteninterviews und qualitative Inhaltsanalyse als Instrumente rekonstruierender Untersuchungen, Wiesbaden 2010, 9–12.

34  Um die didaktischen Kenntnisse und Fähigkeiten der Lehrkräfte zu erforschen, wären Unterrichtsbeobachtungen viel besser geeignet.

35  Vgl. Cornelia Helfferich, Die Qualität qualitativer Daten. Manual für die Durchführung qualitativer Interviews, Wiesbaden 2011, 91.

sichten so ausführlich schildern konnten, wie sie das mochten;[36] die Ortswahl
wurde den Lehrkräften überlassen.[37]

Der Feldzugang ist – vermutlich beeinflusst durch die heftigen Diskussionen
bezüglich diverser Neuerungen in Bezug auf den Geschichtsunterricht sowie den
Unterricht allgemein (Kompetenzorientierung, teilstandardisierte Reife- und
Diplomprüfung, neue Lehrpläne, neue Oberstufe etc.) – für Forschende im Bereich der Geschichtsdidaktik in Österreich recht schwierig. Im Zuge des Projekts
wurden rund dreimal so viele Personen um ein Interview gebeten, als sich
schließlich dazu bereiterklärten. Neben privaten Kontakten (u. a. aufgrund der
früheren Unterrichtstätigkeit der Projektleiterin) wurden Lehrpersonen angesprochen, die im Zuge von Fortbildungen in Kontakt mit der Projektleiterin
kamen; diese wurden wiederum nach weiteren Lehrpersonen gefragt, die eventuell zu einem Interview bereit wären. Um Interviews möglich zu machen, war es
von entscheidender Bedeutung, den Lehrkräften Anonymität zuzusagen.[38] Eine
gewisse Verzerrung in Richtung Geschichtslehrkräfte, die Besuche von Museen
und anderen außerschulischen Lernorten eher befürworten, ist anzunehmen,
zumal bei Anfragen das Thema „Museumsbesuche im Geschichtsunterricht"
bekanntgegeben wurde, auch wenn immer betont wurde, dass auch Interviews
mit Lehrkräften interessant sind, die kaum oder gar keine Museumsbesuche
durchführen.

Es gelang aber jedenfalls, eine theoretische Sättigung in dem Sinne zu erreichen, als alle im Feld relevanten Differenzen Eingang in die Studie fanden;[39] dies
wurde auch über das Sampling gesteuert, in dem möglichst große Unterschiede
in Bezug auf die Lehrkräfte angestrebt wurden: Berücksichtigt wurden alle
österreichischen Bundesländer, alle Altersstufen (Dienstalter), städtische wie
ländliche Regionen und alle Schultypen der Sekundarstufe, womit in diesem
Projekt die Entscheidung bewusst gegen die vielfach beklagte Konzentration der
empirischen Forschung auf die gymnasiale Oberstufe[40] fiel. Es handelt sich jedoch um keine repräsentative Stichprobe, weshalb keine quantifizierenden
Aussagen in Bezug auf die Grundgesamtheit der österreichischen Geschichtslehrkräfte möglich sind. Ebenfalls liegt keine klassische Zufallsstichprobe vor,

---

36  Das kürzeste Interview dauerte 28 Minuten, das längste 106 Minuten.
37  Die meisten Interviews fanden am jeweiligen Schulstandort statt, einige an öffentlichen Orten
    (wie Cafés) und eines in der Privatwohnung der Lehrkraft.
38  Erhoben wurden nur allgemeine Daten (Geschlecht, Bundesland, Dienstalter, Stadt vs. Land
    und Schultyp). Die Interviews werden im Stil „Bundesland_Schultyp_Nr." abgekürzt.
39  Vgl. Aglaja Przyborski/Monika Wohlrab-Sahr, Qualitative Sozialforschung. Ein Arbeitsbuch,
    München 2014, 186.
40  Vgl. Bodo von Borries, Beobachtungen zum Stand der empirischen Geschichtsdidaktik, in:
    Jan Hodel/Béatrice Ziegler (Hg.), Forschungswerkstatt Geschichtsdidaktik 09. Beiträge zur
    Tagung „geschichtsdidaktik empirisch 09" (Geschichtsdidaktik heute 3), Bern 2011, 317–322,
    320.

zumal nicht alle Personen der Grundgesamtheit die gleichen Chancen hatten, ins Sample aufgenommen zu werden. Das Sampling ist am ehesten als Schneeballverfahren zu beschreiben.[41] Allerdings wurden auch Methoden des Theoretical Sampling und des Sampling nach vorab festgelegten Kriterien angewandt.[42] Das Projekt versteht sich folglich als Grundlagenforschung in einem Feld, das bislang noch kaum beforscht wurde: Auf Basis der Ergebnisse könnte beispielsweise ein Fragebogen für eine quantitative Studie erstellt werden.

Die Experteninterviews wurden teilstandardisiert mithilfe eines Leitfadens durchgeführt, mit dem das Ziel verfolgt wurde, durch möglichst kurze Fragen relativ freie Erzählungen der Interviewten zu erreichen. Der Leitfaden unterstützte die Interviewerin dabei, die Meinungen der Lehrkräfte zu allen relevanten Themenkomplexen einzuholen. Im Interview wurde jedoch auf die Ausführungen der Interviewten eingegangen, was teilweise eine Abweichung von der vorgesehenen Reihenfolge der Fragen bedeutete und so eine möglichst natürliche Gesprächssituation erzeugte; bei zu allgemeinen Aussagen wurde auch nachgefragt.[43]

In die folgende Analyse werden nur die Ausführungen der Lehrkräfte zu Gedenkstättenbesuchen einbezogen. Solche ergaben sich in den meisten Interviews aufgrund der Frage: „Welche anderen außerschulischen Lernorte besuchen Sie / besuchst du mit Klassen im Geschichtsunterricht?" Die meisten Lehrpersonen nannten hierauf u. a. Gedenkstätten (oder eine bestimmte Gedenkstätte) und machten nähere Angaben. Wie auch Daniel Münch in seiner Untersuchung zur Geschichtskultur feststellte,[44] differenzieren außerdem viele Geschichtslehrkräfte nicht zwischen Museen und Gedenkstätten, womit Gedenkstätten auch oft bei der Frage nach Museumsbesuchen im Geschichtsunterricht genannt wurden. Wurden solche nicht erwähnt oder nur beiläufig angeführt, erfolgten explizite Nachfragen der Forscherin nach dem Stellenwert, den die interviewte Lehrkraft Gedenkstättenbesuchen im Geschichtsunterricht beimisst, und zu Erfahrungen, die sie mit solchen gemacht hat.

Für diesen Beitrag wird nur jener Teil der im Rahmen des Projekts „Historisches Lernen zwischen Schule und Museen" durchgeführten Interviews berücksichtigt, die mit Geschichtslehrkräften geführt wurden, die (zumindest teilweise) in der Sekundarstufe I unterrichten, also Lehrpersonen, die an Lang-

---

41 Vgl. u. a. Przyborski/Wohlrab-Sahr, Qualitative Sozialforschung, 308–309.
42 Zur Kombinierbarkeit vgl. ebd., 185.
43 Vgl. Gläser/Laudel, Experteninterviews, 174–177.
44 Vgl. Daniel Münch, Geschichtskultur als Thema des Geschichtsunterrichts. Wie stehen Lehrkräfte zu dieser Idee?, in: Uwe Danker (Hg.), Geschichtsunterricht – Geschichtsschulbücher – Geschichtskultur. Aktuelle geschichtsdidaktische Forschungen des wissenschaftlichen Nachwuchses (Beihefte zur Zeitschrift für Geschichtsdidaktik 15), Göttingen 2017, 179–195, 195.

formen der Allgemeinbildenden höheren Schulen (AHS) und an Neuen Mittelschulen (NMS) tätig sind (n=65); die durchschnittliche Interviewdauer betrug 55 Minuten. Diese Gruppe wurde ausgewählt, um einen Vergleich mit den Ergebnissen jener Untersuchung zu ermöglichen, bei der sechs Lehrkräfte aus Wien zu Besuchen der Gedenkstätte Mauthausen mit Klassen der 8. Schulstufe interviewt wurden, auch wenn sich diese Befragung nur auf eine Gedenkstätte bezog und in ein explorativ angelegtes Forschungsdesign eingebunden war, in dem die Lernenden entweder klassische Führungen besuchten oder in Kleingruppen arbeiteten.[45]

### 3.2 Auswertung von Experteninterviews mit der strukturierenden qualitativen Inhaltsanalyse[46]

Die von der Projektleiterin geführten und audioaufgezeichneten Interviews wurden zunächst nach vorgegebenen, von der Projektleiterin definierten Richtlinien mithilfe des Programms F4 transkribiert,[47] die sich an den Empfehlungen von Claus Stefer, Stefan Rädiker, Thorsten Dresing und Udo Kuckartz orientieren.[48] Um möglichst fehlerfreie und vollständige Transkripte zu erhalten, war es wesentlich, dass alle erstellten Transkripte vor der Auswertung von der Projekt-

---

45 Zum Forschungsdesign vgl. Heribert Bastel/Helene Miklas, „Es ist einem zum Reahrn", in: Heribert Bastel/Brigitte Halbmayr (Hg.), Mauthausen im Unterricht. Ein Gedenkstättenbesuch und seine vielfältigen Herausforderungen (Schriften der Kirchlichen Pädagogischen Hochschule Wien/Krems 7), Wien 2014, 11–23. Zu den Ergebnissen der Befragung der Lehrenden vgl. Sonja Danner/Brigitte Halbmayr, „Es ist oft wahnsinnig schwierig." – Der Gedenkstättenbesuch aus der Sicht der Lehrenden, in: ebd., 145–173.

46 Die qualitative Inhaltsanalyse wurde zuerst systematisch von Philipp Mayring beschrieben (1983). Das Verfahren geht auf ursprünglich quantitative Analysetechniken in den Kommunikationswissenschaften zurück. Vgl. Philipp Mayring, Qualitative Inhaltsanalyse, in: Günter Mey/Katja Mruck (Hg.), Handbuch Qualitative Forschung in der Psychologie, Wiesbaden 2010, 601–613, 601.

47 Die Transkription erfolgte durch verschiedene Personen, die dafür im Rahmen von Teilprojekten an der Universität Innsbruck angestellt waren oder von der Projektleiterin privat dafür entlohnt wurden. Gedankt sei Jasmin Fischer, Nina Hechenblaikner und Laura Volgger. Im von der Universität Innsbruck finanzierten explorativen Projekt „Teilautomatisierte Transkription von Experteninterviews in österreichischem Deutsch (inkl. verschiedenen Dialekten)" wurde außerdem eine computergestützte Transkription versucht, die allerdings deutlich zu schlechte Ergebnisse lieferte; selbst die von einer deutschen Firma durchgeführten Überarbeitungen der automatisch erstellten Transkripte mussten umfangreich korrigiert werden.

48 Vgl. Claus Stefer/Stefan Rädiker/Thorsten Dresing/Udo Kuckartz, Qualitative Evaluation. Der Einstieg in die Praxis, Wiesbaden 2007, 27–29. Angefertigt wurde eine vollständige, wörtliche, aber nicht lautsprachliche Niederschrift der Aussagen der Lehrkräfte, wobei auf eine Verschriftlichung von Zwischenlauten („ähm"), Tonlagen etc. verzichtet wurde. Die mündliche Sprache wurde außerdem in die Schriftsprache transformiert (z. B. „ist" statt „is").

leiterin mit der Audioaufnahme abgeglichen wurden. So konnten kleinere Fehler korrigiert sowie ausgelassene Wörter und einige schlecht verständliche Passagen ergänzt werden.

Die Transkripte wurden mitsamt der im Programm F4 erzeugten Zeitmarken in MAXQDA (Version 18) importiert und mit den entsprechenden Audiofiles verknüpft. Dies hat den Vorteil, dass Passagen, die schriftlich schlecht verständlich sind (weil beispielsweise die grammatikalischen Strukturen sehr von der Schriftsprache abweichen), während des Codiervorgangs nochmals angehört werden können.

Die zur Auswertung eingesetzte inhaltlich strukturierende qualitative Inhaltsanalyse ermöglicht „die Identifizierung von Themen und Subthemen, deren Systematisierung und Analyse der wechselseitigen Relationen".[49] Ziel ist es zunächst, aus einer Vielzahl von Einzeldaten zu einem Thema systematisch allgemeine Kategorien abzuleiten.[50] Dabei handelt es sich, der klassischen Definition von Matthew B. Miles und A. Michael Huberman folgend um „retrieval and organizing devices that allow the analyst to spot quickly, pull out, then cluster all the segments relating to the particular question, hypothesis, concept, or theme."[51] Hierzu wurde ein Analyseraster[52] – im vorliegenden Fall hauptsächlich induktiv (datengesteuert) – gebildet. Dieses Vorgehen eignet sich besonders dann, wenn zu einem Gegenstandbereich wenig Vorwissen vorhanden ist, wie in Bezug auf die Einbettung von Museumsbesuchen in den Geschichtsunterricht. Wie Mayring feststellt, lässt sich in der sozialwissenschaftlichen Forschung insgesamt beobachten, dass der induktiven Kategorienbildung immer mehr der Vorzug gegeben wird, zumal es ja ihr Ziel ist „auf einem möglichst konkreten, materialnahen, deskriptiven Level die Auswertungsaspekte aus dem Text heraus zu entwickeln."[53] Allerdings findet sich in der Forschungspraxis weder die deduktive noch die induktive Kategorienbildung in Reinform.[54] Im Vergleich zur Grounded

49 Udo Kuckartz, Qualitative Inhaltsanalyse. Methoden, Praxis, Computerunterstützung (Grundlagentexte Methoden), Weinheim/Basel 2018, 123.

50 Vgl. Sebastian Barsch, Die Qualitative Inhaltsanalyse als Methode der geschichtsdidaktischen Forschung, in: Holger Thünemann/Meik Zülsdorf-Kersting (Hg.), Methoden geschichtsdidaktischer Unterrichtsforschung, Schwalbach/Ts. 2016, 206–228, 208.

51 Matthew B. Miles/A. Michael Huberman, Qualitative Data Analysis. A Sourcebook of New Methods, Newbury Park, Calif. 1984, 56.

52 Vgl. Philipp Mayring/Eva Brunner, Qualitative Inhaltsanalyse, in: Barbara Friebertshäuser (Hg.), Handbuch. Qualitative Forschungsmethoden in der Erziehungswissenschaft, Weinheim/Basel 2013, 323–333, 325.

53 Philipp Mayring, Neuere Entwicklungen in der qualitativen Forschung und der Qualitativen Inhaltsanalyse, in: Michaela Gläser-Zikuda/Philipp Mayring (Hg.), Die Praxis der Qualitativen Inhaltsanalyse, Weinheim/Basel 2008, 7–19, 11.

54 Vgl. Uwe Flick, Stationen des qualitativen Forschungsprozesses, in: Uwe Flick/Ernst von Kardorff/Heiner Keupp/Lutz von Rosenstiehl/Stephan Wolff (Hg.), Handbuch Qualitative

Theory bietet die qualitative Inhaltsanalyse daher die Möglichkeit, gewisse Vorannahmen auf Basis von Theorien einzubringen, ohne dass die Perspektive des Materials verloren geht.[55]

### 3.2.1 Erstellen des Kategoriensystems I: Festlegen von Hauptcodes

Wie Stefan Rädiker und Udo Kuckartz betonen, entsteht das Kategoriensystem bei einer (vorwiegend) induktiven Kategorienbildung „als hierarchisches System in einem iterativen Prozess, der mehrere Zyklen durchläuft."[56] Wesentlich ist jedenfalls, dass die Kategorien präzise definiert, mit Ankerbeispielen versehen und gut von anderen abgegrenzt sind.[57] Im Projekt „Historisches Lernen zwischen Schule und Museum" wurden die Kategorien angelehnt an das von Kuckartz beschriebene Ablaufmodell der strukturierenden qualitativen Inhaltsanalyse[58] entwickelt. Vor der ersten Codierung wurden – auf Basis des Interviewleitfadens, der wiederum anhand der zentralen Forschungsfragen entwickelt worden war – neun Hauptthemen festgelegt, die in allen Interviews[59] zur Sprache kamen. Diese wurden als thematische Hauptkategorien[60] definiert und folglich

Sozialforschung. Grundlagen, Konzepte, Methoden und Anwendungen, Weinheim 2012, 147–173, 165.

55  Vgl. Bernd Reinhoffer, Lehrkräfte geben Auskunft über ihren Unterricht, in: Michaela Gläser-Zikuda/Philipp Mayring (Hg.), Die Praxis der Qualitativen Inhaltsanalyse, Weinheim/Basel 2008, 123–141, 133.

56  Stefan Rädiker/Udo Kuckartz, Analyse qualitativer Daten mit MAXQDA. Text, Audio und Video, Wiesbaden 2019, 98.

57  Vgl. u. a. Philipp Mayring, Einführung in die qualitative Sozialforschung. Eine Anleitung zu qualitativem Denken, Weinheim/Basel 2016, 118–119.

58  Vgl. Kuckartz, Qualitative Inhaltsanalyse, 100.

59  Die Kategorie „Wien-Woche" stellt eine Ausnahme dar, da diese nur in den Interviews mit Lehrkräften außerhalb Wiens angesprochen werden konnte.

60  Dabei handelt es sich um: Allgemeine Informationen [statistische Daten zur interviewten Lehrperson], Allgemeine Beschreibung [der Klassen] – Auffälligkeiten, Museumsbesuche, Gedenkstättenbesuche, andere außerschulische Lernorte, Wien-Woche, allgemeine Ziele des Geschichtsunterrichts, Geschichtsunterricht [– Durchführung], Infos zu Neuerungen im Geschichtsunterricht. Dazu kam noch eine zehnte Hauptkategorie „Sonstiges", in der alle interessanten Aussagen festgehalten wurden, die möglicherweise zu weiteren Forschungsthemen überleiten, aber nicht systematisch abgefragt und folglich auch nur von einzelnen Geschichtslehrkräften erwähnt wurden (beispielsweise Anmerkungen zur technischen Ausstattung der Schule oder zum Einsatz von Smartphones im Geschichtsunterricht). Dieser Code wurde jedoch nur von der Projektleiterin verwendet. Außerdem setzte die Projektleiterin parallel zur klassischen Codierung Emotiecodes ein, um besonders interessante bzw. auffällige Aussagen speziell zu markieren und später leicht auffindbar zu machen. Diese wurden als Alternative zur Gewichtung von Codings verwendet. Diese zusätzlichen Codierungen wurden bei der Berechnung der Intercoder-Reliabilität nicht berücksichtigt.

als Code in MAXQDA angelegt;[61] eine von diesen stellt die Kategorie „Gedenk-stättenbesuche" dar.

### 3.2.2 Festlegen von Codierregeln

Vor den ersten Codierungen wurden einige grundlegende Codierregeln definiert, da die Codiereinheiten nicht vorab bestimmt wurden: Festgelegt wurde insbesondere, dass nur jene Stellen des Interviews codiert werden, die sich den festgelegten Themen zuweisen lassen; dabei musste mindestens ein Satz und maximal ein Absatz codiert werden;[62] überlappende Codierungen waren möglich. Jede Codiereinheit sollte für sich, also auch ohne Kontext, verständlich sein.[63] Darüber hinaus sollten keine Kategorien für die Codierung verwendet werden, wenn zu diesen Subkategorien definiert wurden. Alle Codes wurden manuell gesetzt, die in MAXQDA vorhandene Möglichkeit des Autocodierens auf der Basis von lexikalischen Suchen wurde nicht verwendet.

### 3.2.3 Erstellen des Kategoriensystems II: Festlegen von Subcodes

In der Folge wurden anhand von zwölf Interviews schrittweise Subkategorien gebildet: Wenn eine Kategorie zu viele unterschiedliche Ausprägungen enthielt, wurde sie in Subkategorien aufgeteilt; zu neuen Ausprägungen wurden neue Subkategorien gebildet oder es wurde die Definition von bestehenden erweitert. Eine Codierung des gesamten Materials mit den Hauptkategorien und eine Zusammenstellung aller Textstellen zu den Hauptkategorien, wie von Kuckartz vorgeschlagen,[64] erfolgte aus forschungspragmatischen Gründen nicht, da das Material hierfür zu umfangreich war. Die Auswahl der zwölf Interviews erfolgte auf Basis der Feldnotizen der Projektleiterin, womit sichergestellt wurde, dass sich auch die Aussagen der restlichen Geschichtslehrkräfte den auf diesem Wege entwickelten Subkategorien zuweisen lassen.

Die Definitionen der Subkategorien wurden nach und nach präzisiert und um möglichst eindeutige Ankerbeispiele erweitert. Zur Prüfung der Definition der

---

61 MAXQDA unterscheidet nicht zwischen Codes und Kategorien; die Hauptkategorien sind themenorientiert und dienen hauptsächlich einer inhaltlichen Strukturierung; Rädiker und Kuckartz sprechen von „Hinweisschildern" im Text. Die Subkategorien sind teilweise ebenso thematische Kategorien, meist sind es jedoch etwas abstraktere analytische Kategorien und manchmal auch evaluative Kategorien; die Subcodes zur Hauptkategorie „Allgemeine Informationen" entsprechen dem Typus Faktenkategorien. Vgl. Rädiker/Kuckartz, Analyse qualitativer Daten, 68–69.

62 Die Fragestellungen wurden keinesfalls codiert.

63 Vgl. Kuckartz, Qualitative Inhaltsanalyse, 104.

64 Vgl. ebd., 100.

Codes wurden Codierungen ab dem dritten Interview von zwei Personen[65] unabhängig voneinander vorgenommen (die Interviews also doppelt codiert) und die Codierungen auf Intercoder-Übereinstimmung geprüft. Dabei ging es, der Intention des Programms folgend,[66] (zunächst) weniger darum, die Güte des Kategoriensystems zu messen, sondern mehr darum, dieses schrittweise zu verbessern. Die Auswertung der Intercoder-Übereinstimmung in MAXQDA diente also nur als Vorstufe zu dem von Greg Guest, Kathleen M. MacQueen und Emily E. Namey beschriebenen *subjective assessment*.[67]

Auf diesem Wege entstand ein Codebuch mit 251 verschiedenen Codes inkl. Subcodes. Im Falle der Kategorie „Gedenkstättenbesuche" wurden sechs Subkategorien gebildet, die teilweise noch weitere Subkategorien beinhalten. Beispielsweise wurde die Subkategorie „Besuche in der Sek. I" aufgegliedert in „Besuche in der Sek. I – Ablehnung" und „Besuche in der Sek. I – Befürwortung." Die Beschreibung der Kategorien und Subkategorien erfolgt in MAXQDA über Codememos, die sich in ein „Codebuch" exportieren lassen.

Code-Memo: Besuche in der Sek. I\Besuche in der Sek. I - Ablehnung                    —    □    ×

**Besuche in der Sek. I - Ablehnung**                                              andre, 30.08.2019

In diese Kategorie fallen alle Wortmeldungen, die sich darauf beziehen, dass man in der Sek. I keine Gedenkstätten mit Schulklassen besuchen sollte.

Beispiel:
Also ... hat eigentlich hauptsächlich mit dem Alter der Schüler und Schülerinnen zu tun, dass man sie nicht emotional überwältigen möchte. Das ist zumin-, also ich kann natürlich nicht für alle meine Kollegen und Kolleginnen sprechen, aber das ist zumindest für mich ein Hauptgrund. Und also da gibt es auch mit den älteren Schülern und Schülerinnen oftmals, ja, problematische Szenen, dass sie eben das nicht so zu verkraften und das ist nicht Ziel der Besichtigung ... dass sie, dass man es ihnen quasi so schrecklich wie möglich verkauft. (AHS_Sbg_2)

▸ Verknüpfte Cod                           Verknüpfte codierte Segr

Abb. 1: Code-Memo zur Sub-Subkategorie „Besuche in der Sek. I – Ablehnung"

---

65  Dabei handelt es sich einerseits um die Autorin (Codiererin 1) und andererseits um Nina Hechenblaikner (Codiererin 2), die hierfür im Rahmen des Projekts „Einstellungen von Lehrkräften zum Historischen Lernen im Museum" (1. September 2018–28. Februar 2019) an der Universität Innsbruck angestellt war. Die Forderung von Kuckartz, dass immer wieder andere Teams ein Interview codieren (vgl. ebd., 211), konnte nicht umgesetzt werden, da für das Projekt kein größeres Forschungsteam zur Verfügung stand.

66  Vgl. Intercoder-Übereinstimmung, URL: https://www.maxqda.de/hilfe-max18/teamwork/das-problem-der-intercoder-uebereinstimmung-in-der-qualitativen-forschung (abgerufen 30. 8. 2019).

67  Vgl. Greg Guest/Kathleen M. MacQueen/Emily E. Namey, Applied Thematic Analysis, Los Angeles/London/New Delhi/Singapore/Washington DC 2012, 91–92.

### 3.2.4 Prüfung des Kategoriensystems

Beim zwölften Interview konnte erstmals ein sehr guter Wert bei der Intercoder-Reliabilität erreicht werden, was zeigte, dass die Definitionen ausreichten, um die einzelnen Codes bzw. Subcodes voneinander abzugrenzen und diese unabhängig von der Person anwendbar sind. Nach einer Finalisierung der Codebeschreibungen wurden neun weitere Interviews nach dem Prinzip der maximalen Differenz ausgewählt[68] und mit demselben Kategoriensystem codiert. Berücksichtigt wurden dabei die Faktoren Geschlecht, Dienstalter, Bundesland, Schultyp sowie Schulstandort (städtisch vs. ländlich). Die Intercoder-Reliabilität ergab für die zehn Interviews[69] im Mittel einen Wert von $K_n=0.79$[70]. Der von MAXQDA errechnete Kappa-Wert nach Robert L. Brennan und Dale J. Prediger kann Werte zwischen -1,00 und +1,00 annehmen, wobei +1,00 eine perfekte Übereinstimmung der Codierungen bedeuten würde.[71] Rädiker und Kuckartz zufolge kann man sich an den zu Cohens Kappa publizierten Benchmark-Hinweisen orientieren (sollte aber nicht großzügiger sein), wonach ab 0,61 von einem guten („substantial") und ab 0,81 („almost perfect") von einem sehr guten Ergebnis gesprochen werden kann.[72]

---

68 Vgl. Rädiker/Kuckartz, Analyse qualitativer Daten, 290.

69 Ein wie hoher Anteil des Gesamtmaterials geprüft werden sollte, ist in der Literatur nicht genau festgelegt. Matthew Lombard, Jennifer Snyder-Duch und Cheryl Campanella Bracken empfehlen mindestens zehn Prozent des Gesamtmaterials, wobei jedoch Fälle aus den Proben einbezogen werden können. Vgl. Matthew Lombard/Jennifer Snyder-Duch/Cheryl Campanella Bracken, Content Analysis in Mass Communication. Assessment and Reporting of Intercoder Reliability, in: Human Communication Research 28 (2002) 4, 587–604, 601.

70 Die maximal erreichte Übereinstimmung ergibt $K_n=0.86$, die minimale $K_n=0.74$.

71 Vgl. Robert L. Brennan/Dale J. Prediger, Coefficient Kappa: Some Uses, Misuses, and Alternatives, in: Educational and Psychological Measurement 41 (1981), 687–699. Die Berechnung von zufallskorrigierenden Koeffizienten wird deshalb als notwendig erachtet, da davon ausgegangen werden kann, dass es gewisse Übereinstimmungen bei der Zuweisung von Codes auch zufällig erzielt werden können. Im Vergleich zu Cohens Kappa besteht der Vorteil von $K_n$ darin, dass die Bestimmung der zufälligen Übereinstimmung anhand der Anzahl unterschiedlicher Kategorien erfolgt, die eingesetzt werden. Vgl. Kuckartz, Qualitative Inhaltsanalyse, 215. Cohens Kappa folgt hingegen einer anderen Logik: In der Formel zur Berechnung des Werts werden der Anteil der tatsächlich beobachteten Übereinstimmungen der Codierungen und der Anteil zufälliger Übereinstimmungen berücksichtigt, wobei auch der Fall einberechnet wird, dass ein Segment in beiden Fällen nicht codiert wurde. Vgl. Marcus Hammann/Janina Jördens/Horst Schecker, Übereinstimmung zwischen Beurteilern: Cohens Kappa ($\kappa$). Online-Zusatzmaterial zum Werk „Methoden in der naturwissenschaftsdidaktischen Forschung", URL: https://static.springer.com/sgw/documents/1426183/application/pdf/Cohens+Kappa.pdf (abgerufen 30.8.2019), 1–2. Da die Bestimmung der zu codierenden Segmente und die Codierung in einem Schritt erfolgen, kann es jedoch keine in beiden Vergleichsfällen nicht codierten Segmente geben. Vgl. Kuckartz, Qualitative Inhaltsanalyse, 215.

72 Rädiker/Kuckartz, Analyse qualitativer Daten, 303. Diesbezüglich ist anzumerken, dass der zufallsbereinigte Kappa-Wert von der prozentualen Übereinstimmung von im Mittel acht-

Die verbleibenden Nicht-Übereinstimmungen sind nach Einschätzung der Projektleiterin nicht mehr behebbar und auf unterschiedliche Faktoren wie beispielsweise Unachtsamkeit zurückzuführen. Beispielsweise wurde einer Passage, die sich auf einen Besuch in Mauthausen bezieht, ein Sub-Code aus der Hauptkategorie „Museumsbesuche" statt einer aus der Hauptkategorie „Gedenkstätten" zugeordnet. Dieser Irrtum zeigt, dass das eingesetzte Farbsystem manchmal nicht ausreichend ist; alternativ wäre ein Kürzel des Hauptcodes vor den Subcodes denkbar, um solche Verwechslungen zu vermeiden.

### 3.2.5 Auswertung und Ergebnisdarstellung

Im Gegensatz zur Grounded Theory, bei der das Ziel der Codierung die Entwicklung von (völlig neuen) Theorien ist, soll mit der inhaltlich strukturierenden Inhaltsanalyse das gesamte Material zur Vorbereitung der Beantwortung der zentralen Forschungsfrage(n) strukturiert werden.[73] Nach Sicherstellung der Güte des Kategoriensystems wurden daher die restlichen Interviews auf der Basis des gleichen Codebuches codiert; ebenfalls wurden die ersten elf Interviews neuerlich geprüft und die Codierungen gegebenenfalls korrigiert. Fallzusammenfassungen, die sich insbesondere dann empfehlen, wenn die Informationen zu einem bestimmten Thema sehr verstreut im Material zu finden sind,[74] wurden nicht erstellt, da in der Regel die Aussagen zu einer Subkategorie in einem Teil des Interviews zu finden waren, wenngleich gerade im Falle von Aussagen zu Besuchen von Museen und Gedenkstätten eine genaue, oft eine satzweise Differenzierung nötig war. Dies war mithilfe der computergestützten qualitativen Inhaltsanalyse mit MAXQDA gut durchführbar.

Die durch die Codierung ermittelten Befunde galt es schließlich hinsichtlich ihrer qualitativen Ausprägung im Sample systematisch darzustellen. Die kategorienbasierte Auswertung,[75] deren Ergebnisse in der Folge präsentiert werden, ermöglicht eine Darstellung u. a. der unterschiedlichen Argumente für oder gegen einen Gedenkstättenbesuch in der Sekundarstufe I; auf die Häufigkeit der

---

zig Prozent kaum abweicht, zumal zufällig übereinstimmende Codierungen bei frei bestimmbaren Codiersegmenten bei umfangreichen Texten wie den vorliegenden Transkripten kaum denkbar sind.

73  Vgl. Katja Kühlmeyer/Petra Muckel/Franz Breuer, Qualitative Inhaltsanalysen und Grounded-Theory-Methodologien im Vergleich: Varianten und Profile der „Instruktionalität" qualitativer Auswertungsverfahren, in: Forum: Qualitative Sozialforschung 21 (2020) 1, URL: https://www.qualitative-research.net/index.php/fqs/article/view/3437/4542 (abgerufen 29. 7. 2020).

74  Vgl. Kuckartz, Qualitative Inhaltsanalyse, 111.

75  Vgl. ebd., 118–119.

verschiedenen Phänomene wird an dieser Stelle nicht eingegangen.[76] Das Vorgehen wird durch MAXQDA optimal unterstützt, indem in Bezug auf einzelne Codes bzw. Subcodes (sowie einzelne Dokumente oder Dokumentgruppen) die Codings ausgegeben werden können.

## IV.    Einstellungen von Lehrkräften zu Gedenkstättenbesuchen

Die Interviews zeigen deutlich, dass Gedenkstättenbesuche den meisten interviewten Geschichtslehrkräften ein echtes Anliegen und daher ein „Fixpunkt"[77] sind. AHS_NÖ_2 betont etwa: „Ich bin natürlich der Meinung, dass wir da Österreicher zumindest einmal in Mauthausen gewesen sein sollen.[78] Allein um vor Augen geführt zu bekommen, was alles möglich ist."[79] Dass Gedenkstättenbesuche vermutlich abseits der Schulzeit nicht besucht werden, ist ebenfalls eine Überlegung von Lehrpersonen.[80] Diese Annahme kann mit der Statistik der Besuche in den KZ-Gedenkstätten Mauthausen und Gusen allerdings weitgehend widerlegt werden. Von den 288.670 Personen, welche die Gedenkstätten im Jahr 2019 besuchten, waren 71.550, also 24,8 Prozent, Lernende im Klassenverband, die ein Vermittlungsprogramm gebucht hatten.[81]

Manche Lehrkräfte verbinden einen Gedenkstättenbesuch auch mit Politischer Bildung, wie auch in der Pilotstudie zur Gedenkstätte Mauthausen deutlich wurde[82] – dass dies angesichts (rechts- bzw. links-)extremistischer Tendenzen unter Jugendlichen notwendig erscheint, zeigte die Studie von Kühberger und Neureiter.[83] AHS_OÖ_2 argumentiert beispielsweise für Gedenkstättenbesuche „mit diesen politischen Tendenzen"[84], ohne dies näher auszuführen. NMS_Ti-

---

76  Vgl. für ein ähnliches Vorgehen u. a. Bernd Schönemann/Holger Thünemann/Meik Zülsdorf-Kersting, Was können Abiturienten? Zugleich ein Beitrag zur Debatte über Kompetenzen und Standards im Fach Geschichte (Geschichtskultur und historisches Lernen 4), Münster 2011, 23.
77  Interview mit NMS_Tirol_5.
78  Dieses Argument findet sich auch bei Danner/Halbmayr, Es ist oft wahnsinnig schwierig, 147.
79  Interview mit AHS_NÖ_2.
80  Vgl. Interview mit NMS_Bgl_1.
81  Vgl. KZ-Gedenkstätte Mauthausen / Mauthausen Memorial, Jahresbericht 2019 (in Auszügen zur Verfügung gestellt per E-Mail vom 23.7.2020), 8–9.
82  Vgl. Danner/Halbmayr, Es ist oft wahnsinnig schwierig, 148.
83  Vgl. Kühberger/Neureiter, Zum Umgang, 93–94. Zu problematischen Tendenzen im Umgang mit dem Holocaust insgesamt: Dominik Gruber/Manfred Oberlechner, Nationalsozialismus und Holocaust im öffentlichen Diskurs der Gegenwart: problematische Formen der Bezugnahme – eine Hilfestellung für Lehrerinnen und Lehrer, in: Helga Embacher/Manfred Oberlechner/Robert Obermair/Adelheid Schreilechner (Hg.), Eine Spurensuche. KZ-Außenlager in Salzburg und Oberösterreich als Lernorte, Frankfurt am Main 2019, 176–203.
84  Interview mit AHS_OÖ_2.

rol_4 erklärt hingegen offen wie sonst keine Lehrperson im Sample, warum ihr Gedenkstättenbesuche ein „ganz, ganz großes Anliegen" sind: „Wir haben natürlich bei den muslimischen Schülern ein ganz massives Antisemitismus-Problem. Das ist Fakt. Und das ist etwas, wo ich ganz, ganz intensiv dagegen arbeite."[85] Allerdings ist aus Sicht der Politischen Bildung klar festzustellen, dass Gedenkstätten keine „Besserungsanstalten" darstellen.[86]

Die meisten interviewten Geschichtslehrpersonen berichten über Besuche von Mauthausen, während Lehrkräfte aus Tirol und Vorarlberg mit ihren Klassen eher nach Dachau fahren;[87] auch Ebensee wurde von manchen Lehrpersonen schon einmal mit Klassen besucht. Darüber hinaus berichten neun Lehrkräfte von Fahrten nach Auschwitz, dies jedoch nur in der Sekundarstufe II. AHS_NÖ_1 erzählt etwa, dass an ihrem Schulstandort mit den 7. Klassen (11. Schulstufe) jedes Jahr eine Reise nach Auschwitz stattfindet;[88] an anderen Schulstandorten werden solche Fahrten ab und zu von einzelnen Lehrkräften beispielsweise im Wahlpflichtfach Geschichte organisiert.[89] AHS_Tirol_3 berichtet vom Programm ProMemoria Auschwitz,[90] im Rahmen dessen das Land Tirol gemeinsam mit dem Land Südtirol Vorbereitungsworkshops für Jugendliche organisiert, die dann gemeinsam u. a. Krakau und Auschwitz-Birkenau besuchen.[91]

Allerdings werden Fahrten zu Gedenkstätten nicht an allen Schulstandorten gleichermaßen gefördert. So erklärt AHS_Ktn_1 beispielsweise, dass sie auf eigene Kosten fahren müsste, weshalb am Schulstandort kaum Gedenkstättenfahrten organisiert werden.[92] AHS_Wien_21 meint, dass auch Widerstand von den Eltern festzustellen sei, die gegen den Entfall des Regelunterrichts auftreten,[93] und NMS_Wien_8 berichtet, dass in den letzten Jahren aus finanziellen Gründen keine Gedenkstättenfahrten mehr organisiert werden konnten.[94]

---

85  Interview mit NMS_Tirol_4.
86  Vgl. Fabian Müller/Martina Ruppert-Kelly, „Die Kinder sollen das ruhig mal nachempfinden können". Thesen zur Bedeutung des Beutelsbacher Konsenses in der Gedenkstättenpädagogik, in: Benedikt Widmaier/Peter Zorn (Hg.), Brauchen wir den Beutelsbacher Konsens? Eine Debatte der politischen Bildung, Bonn 2016, 242–250, 247–248.
87  Aus der Statistik der Gedenkstätte Mauthausen geht hervor, dass die meisten Klassen aus Oberösterreich kommen, gefolgt von Wien, Niederösterreich und der Steiermark. Vgl. KZ-Gedenkstätte Mauthausen / Mauthausen Memorial, Jahresbericht 2019, 9.
88  Vgl. Interview mit AHS_NÖ_1. Dies führen auch AHS_NÖ_4, AHS_Wien_8, AHS_Wien_12, AHS_Wien_21, AHS_Wien_22 an.
89  Vgl. Interview mit AHS_Ktn_1. Auch AHS_NÖ_2 berichtet von gelegentlichen Fahrten nach Auschwitz.
90  Vgl. u. a. ProMemoria Auschwitz 2019. Erinnerungskultur für Jugendliche, URL: https://www.tirol.gv.at/meldungen/meldung/artikel/promemoria-auschwitz-2019/ (abgerufen 7.9.2019).
91  Vgl. Interview mit AHS_Tirol_3.
92  Vgl. Interview mit AHS_Ktn_1.
93  Vgl. Interview mit AHS_Wien_21.
94  Interview mit NMS_Wien_8. Finanzierungsprobleme führt auch NMS_Wien_3 ins Treffen.

Diesbezüglich ist also eindeutig die Politik gefragt, die schon öfter postulierte Forderung nach verbesserten Bedingungen für Gedenkstättenbesuche umzusetzen.[95] Aus Sicht der Geschichtsdidaktik und der Holocaust Education wäre es diesbezüglich auch wünschenswert, wenn ein Gedenkstättenbesuch nicht in ein Programm mit mehreren Punkten eingebettet wird und damit als „gewöhnlicher" Lehrausgang erscheint.[96] Von einem solchen Vorgehen berichtet etwa die Lehrkraft AHS_Tirol_4.[97] Darauf, dass für den Gedenkstättenbesuch wenig Zeit zur Verfügung steht,[98] deutet auch die Statistik der Gedenkstätte Mauthausen hin, derzufolge von den insgesamt 4.246 Vermittlungsprogrammen, die 2019 durchgeführt wurden, 3.350 als begleiteter Rundgang im Ausmaß von zwei Stunden durchgeführt wurden.[99]

Neben solchen organisatorischen Hindernissen zeigt sich, dass zahlreiche Lehrkräfte Besuche von Gedenkstätten in der Sekundarstufe I grundsätzlich ablehnen. AHS_Vbg_1 argumentiert beispielsweise mit beobachtetem Fehlverhalten vor Ort – eine Mittelschulklasse sei „grölend und lärmend durch Mauthausen gelaufen".[100] Jugendliche in diesem Alter sind nach Ansicht der Lehrkraft „nicht reif genug, die sind nicht geistig so weit, dass sie das wirklich fassen und begreifen können. Ich habe auch mit Unterstufenklassen die Erfahrung gemacht, dass Nationalsozialismus ein Thema ist, das sie einfach nur cool finden."[101] Ähnliche Argumentationen finden sich in mehreren Interviews. AHS_NÖ_5

---

95 Vgl. u. a. Alle Schüler und Migranten sollen Mauthausen sehen, Salzburger Nachrichten, 3. 5. 2019; KZ: Immer weniger Schüler, Die Presse, 14. 5. 2016. Zum unausweichlichen Problem der nicht vorhandenen Freiwilligkeit bei schulischen Gedenkstättenbesuchen Robert Sigel, Schulische Bildung und ihre Bedeutung für die Gedenkstättenpädagogik, in: Elke Gryglewski/Verena Haug/Gottfried Kößler/Thomas Lutz/Christa Schikorra (Hg.), Gedenkstättenpädagogik. Kontext, Theorie und Praxis der Bildungsarbeit zu NS-Verbrechen, Berlin 2015, 44–55, 50.

96 Vgl. Christian Matzka/Helene Miklas, Erinnerungskultur in Mauthausen. Ergebnisse eines empirischen Projekts zur Wahrnehmung von Gedenkstättenpädagogik durch Schüler/innen, in: Alois Ecker/Bettina Paireder/Judith Breitfuß/Isabella Schild/Thomas Hellmuth (Hg.), Historisches Lernen im Museum. Historical Learning in the Museum (Europäischen Studien zur Geschichtsdidaktik 1), Frankfurt am Main 2018, 94–106, 101.

97 Vgl. Interview mit AHS_Tirol_4.

98 Neben anderen Aktivitäten der Klasse(n) kann dies auch mit der Beschränkung von Lehrausgängen auf fünf Stunden zusammenhängen; nur zweimal pro Schuljahr können längere Exkursionen durchgeführt werden. Vgl. § 5, Abs. 1 Verordnung des Bundesministers für Unterricht und kulturelle Angelegenheiten über Schulveranstaltungen (SchVV) 1995.

99 Vgl. KZ-Gedenkstätte Mauthausen / Mauthausen Memorial, Jahresbericht 2019, 11.

100 Im Gegensatz zu dieser Momentaufnahme wurden bei den von der KZ-Gedenkstätte Mauthausen durchgeführten Beobachtungen keine unangemessenen Verhaltensweisen festgestellt. Vgl. Andreas Baumgartner/Isabella Girstmair, „... weil ich das einmal sehen wollte.". Die Mauthausen-BesucherInnen-Studie im Zuge der Neugestaltung der KZ-Gedenkstätte, in: Bundesministerium für Inneres (Hg.), KZ-Gedenkstätte Mauthausen. Mauthausen Memorial 2010, 43–53, 45.

101 Interview mit AHS_Vbg_1.

meint beispielsweise, „dass sie damit [mit dem Nationalsozialismus] überhaupt nicht umgehen können"[102] und AHS_Sbg_1 verweist auf die „Reife von den Schülern und vom Alter und auch von den Voraussetzungen und auch von der Diskussionskultur, die da in den Klassen, die es da gibt".[103]

Gegen solche Bedenken führt eine erfahrene Lehrkraft aus Tirol klar aus: „Ich war seit den späten 70er-Jahren in Gedenkstätten und ich habe noch nie irgendeine komische Reaktion bei mir erlebt bei Schülerinnen, weil die das auch vorbereiten [...]."[104] NMS_Wien_5 erklärt darüber hinaus: „Also finde ich es schon auch wichtig, dass man auch in der Mittelschule schon einmal dort war. [...] [E]s ist auch jedes Mal bei den Kindern gut angekommen im Sinne von, dass sie wirklich … das ganze Ausmaß wirklich besser mitbekommen, ja."[105] Auch NMS_Tirol_5 verweist auf die Verantwortung in der Pflichtschule, zumal nicht davon ausgegangen werden könne, dass die Jugendlichen später noch einmal die Gelegenheit zu einem Gedenkstättenbesuch bekämen.[106] Es zeigten sich in den Interviews also, ähnlich wie bei der Pilotstudie zu Mauthausen, recht unterschiedliche Ansichten in Bezug auf das passende Alter für einen Gedenkstättenbesuch.[107] Betrachtet man die Statistik der Besuche in der Gedenkstätte Mauthausen, dann zeigt sich deutlich, dass die meisten Besuche von Neuen Mittelschulen organisiert werden (23.951 im Jahr 2019), gefolgt von 18.841 aus Allgemeinbildenden höheren Schulen (21.152 im Jahr 2019), wobei jedoch hier nicht klar ist, ob es sich um Klassen der Sekundarstufe I oder II handelt.[108]

Ausschlaggebend für die Entscheidung für oder gegen den Besuch einer Gedenkstätte scheint die Einstellung der Gesamtheit der Geschichtslehrkräfte an einem Standort zu sein.[109] AHS_Tirol_4 berichtet etwa davon, dass sie eigentlich gerne mit einer 4. Klasse nach Mauthausen gefahren wäre, sich dann dagegen entschieden habe, da die anderen Klassen auch erst in der Sekundarstufe II fahren.[110]

---

102  Interview mit AHS_NÖ_5.
103  Interview mit AHS_Sbg_1.
104  Interview mit AHS_Tirol_1. Dass Lehrkräfte versuchen, über eine entsprechende Vorbereitung ein Verhalten bei den Jugendlichen zu erreichen, das ihnen angemessen erscheint, zeigte sich auch in der Pilotstudie zu Mauthausen, vgl. Danner/Halbmayr, Es ist oft wahnsinnig schwierig, 151.
105  Interview mit NMS_Wien_5.
106  Vgl. Interview mit NMS_Tirol_5. Dies betrifft vermutlich insbesondere jene Jugendliche, die nach der NMS eine BMHS besuchen. Nur 1.187 Lernende aus diesen Schulen besuchten 2019 Mauthausen. Vgl. KZ-Gedenkstätte Mauthausen / Mauthausen Memorial, Jahresbericht 2019.
107  Vgl. Danner/Halbmayr, Es ist oft wahnsinnig schwierig, 151–152.
108  Vgl. KZ-Gedenkstätte Mauthausen / Mauthausen Memorial, Jahresbericht 2019, 11.
109  Vgl. u. a. Interview mit AHS_Stm_1.
110  Vgl. Interview mit AHS_Tirol_4.

Geschichtslehrkräfte, die Gedenkstätten besuchen, machen jedenfalls deutlich, dass diese immer eine besondere Herausforderung darstellen, aber auch Möglichkeiten bieten, die im regulären Unterricht kaum vorhanden sind. Bodo von Borries betont, dass das Thema in diesem oft oberflächlich abgearbeitet und bei den Lernenden keine Werturteilsbildung und damit keine historische Orientierung angeleitet werde.[111] Es verwundert daher nicht, dass sich die befragten Lehrpersonen von Gedenkstättenbesuchen besondere Effekte erhoffen. Eine Geschichtslehrkraft meint, dass das Ziel von solchen „Betroffenheit" sei,[112] „[d]ass es anders ist, wenn ich ihnen einen Film zeige oder wenn ich ihnen erzähle".[113] AHS_NÖ_4 führt aus, dass ihr besonders wichtig sei, dass sich die Lernenden „ganz, ganz konkret Leidenssituationen […] vielleicht irgendwie vorstellen können. Das beginnt einmal zum Beispiel, wenn es das Wetter zulässt prinzipiell, dass wir nicht oben anfangen, sondern im Steinbruch anfangen über die Todesstiege raufgehen, ja."[114] NMS_Wien_4 berichtet diesbezüglich von einer „außerordentlich gute[n] Führung, die die Kinder betroffen gemacht, aber dann auch wieder abgeholt hat."[115] NMS_Wien_3 führt hingegen aus, dass das neue Vermittlungsprogramm von Mauthausen diesbezüglich nicht gelungen sei:

> „Ich verstehe schon, sie wollen das Grausige wegnehmen, weil die Kinder sind oft, wollen Blutflecke sehen oder so Sachen. Also sie wollen das Grausige total wegnehmen. Das heißt, das Stockbett in einer der Baracken ist entfernt worden. […] Die Führerin hat uns das draußen erklärt, sehr viel erklärt auf einmal und dann die Kinder allein durchgeschickt und das war, habe ich das Gefühl gehabt, für unsere Kinder eine Überforderung. Zu viel Information und dann nicht dort, wo es stattgefunden hat. Wir haben sehr viele Sachen bekommen, die wir auch zu Hause hätten machen können."[116]

Diese Ausführungen zeigen, dass viele Lehrkräfte nach wie vor auf die von der Geschichtsdidaktik wie auch der Gedenkstättenpädagogik mittlerweile als problematisch angesehene Betroffenheitspädagogik setzen bzw. diese von Gedenk-

---

111 Bodo von Borries, Moralische Aneignung und emotionale Identifikation im Geschichtsunterricht. Emprirische Befunde und theoretische Erwägungen, in: Wolfgang Meseth/Matthias Proske/Frank-Olaf Radke (Hg.), Schule und Nationalsozialismus. Anspruch und Grenzen des Geschichtsunterrichts (Wissenschaftliche Reihe des Fritz-Bauer-Instituts 11), Frankfurt am Main 2004, 268–297, 268–269.
112 Dieses Ziel wurde auch in der Pilotstudie zu Mauthausen von Lehrkräften benannt, vgl. Danner/Halbmayr, Es ist oft wahnsinnig schwierig, 149. Die im Rahmen dieser Studie befragten Lehrpersonen äußerten außerdem die Hoffnung, dass sich ein gewisser Multiplikatoreffekt einstelle (vgl. ebd., 150), was in den Interviews im Rahmen des Projekts „Historisches Lernen zwischen Schule und Museum" an keiner Stelle erwähnt wurde.
113 Interview mit AHS_Ktn_1.
114 Interview mit AHS_NÖ_4.
115 Interview mit NMS_Wien_4.
116 Interview mit NMS_Wien_3.

stätten einfordern.[117] Wie wichtig manchen Lehrkräften die emotionale Erschütterung der Jugendlichen ist, konnte auch Münch in seiner Studie zeigen. Eine von
ihm interviewte Geschichtslehrkraft sieht es sogar als Erfolg an, wenn manche
Mädchen weinen und den Besuch eines Konzentrationslagers „emotional ganz,
ganz schwer aushalten."[118] Allerdings ist höchst umstritten, inwiefern Emotionen
einen Beitrag zum historischen Lernen leisten können und sollen[119] und die von
manchen Lehrkräften intendierte Überwältigung widerspricht klar dem Beutelsbacher Konsens.[120] Auch wenn die sogenannte „Pflicht zur politischen Neutralität"
in Bezug auf Gedenkstätten bzw. den Holocaust infragezustellen ist, verbietet sich,
wie Fabian Müller und Martina Ruppert-Kelly betonen, eine emotionale Überwältigung durch Quellen, Gesten, Schilderungen usw.[121] Obwohl mit Ute Frevert festzustellen ist, dass durch Emotionalisierung „menschliches Handeln, Entscheiden und Verhalten in ein neues, komplexes Blickfeld, [ge]rückt"[122] wird, ist
doch Elena Demke und Christoph Hamann zuzustimmen, die betonen: „Man kann
sich […] nicht in die Vergangenheit – gar emotional – ‚hineinversetzen‘, sondern
allenfalls im Heute mehr oder wenig plausible Deutungen über das Früher entwickeln."[123] Christian Matzka und Helene Miklas fordern in diesem Sinne dazu auf,
„mit Emotionen behutsam umzugehen." Diese sollten „nicht künstlich erzeugt

---

117 Vgl. dazu auch Bert Pampel, Gedenkstätten als „außerschulische Lernorte". Theoretische
     Aspekte – empirische Befunde – praktische Herausforderungen, in: Bert Pampel (Hg.),
     Erschrecken – Mitgefühl – Distanz. Empirische Befunde über Schülerinnen und Schüler in
     Gedenkstätten und zeitgeschichtlichen Ausstellungen (Zeitfenster 8), Leipzig 2011, 11–58,
     24.
118 Daniel Münch, Gedenkstättenbesuche als emotionales Erlebnis. Welche Rolle weisen Geschichtslehrkräfte den Emotionen ihrer Schülerinnen und Schüler zu?, in: Anja Ballis/
     Markus Gloe (Hg.), Holocaust Education Revisited. Wahrnehmung und Vermittlung, Fiktion und Fakten, Medialität und Digitalität, Wiesbaden 2019, 87–108, 96.
119 Vgl. Juliane Brauer/Martin Lücke (Hg.), Emotionen, Geschichte und historisches Lernen.
     Geschichtsdidaktische und geschichtskulturelle Perspektiven (Studien des Georg-Eckert-
     Instituts zur internationalen Bildungsmedienforschung 133), Göttingen 2013.
120 Vgl. Beutelsbacher Konsens, URL: https://www.bpb.de/die-bpb/51310/beutelsbacher-kon
     sens (abgerufen 7.9.2019). Wie Katja Köhr und Simone Lässig bei ihrer nicht repräsentativen Untersuchung von amerikanischen, deutschen, englichen, französischen und israelischen Geschichtsschulbüchern feststellten, folgen diese durchgehend dem Prinzip des
     Überwältigungsverbots und sind meistens in einem sachlichen Stil und entemotionalisiert
     verfasst; nur französische Bücher setzen teilweise auf eine Schockpädagogik. Vgl. Katja
     Köhr/Simone Lässig, Zwischen universellen Fragen und nationalen Deutungen: Der Holocaust im Museum, in: Bernd Schönemann/Hartmut Voit (Hg.), Europa in historisch-didaktischen Perspektiven (Schriften zur Geschichtsdidaktik 22), Idstein 2007, 235–260, 254.
121 Müller/Ruppert-Kelly, „Die Kinder sollen das ruhig mal nachempfinden können", 243, 246.
122 Ute Frevert, Was haben Gefühle in der Geschichte zu suchen?, in: Geschichte und Gesellschaft 35 (1999) 2, 183–208, 199.
123 Elena Demke/Christoph Hamann, Emotionalität und Kontroversität in der historisch-politischen Bildung, URL: http://lernen-aus-der-geschichte.de/Lernen-und-Lehren/content/
     10659 (abgerufen 7.9.2019).

werden", sondern „behutsam zur Sprache gebracht werden und Raum/Ausdruck erhalten."[124]

Kathi Bromberger und Matthias Rosendahl betonen in Bezug auf das Lernen über die SED-Diktatur in der Gedenkstätte Bautzen, dass Emotionen eher als die bloße Wissensvermittlung zu einem Impuls für eine nähere Auseinandersetzung mit Unrechtsregimen führen.[125] AHS_Wien_18 argumentiert ebenfalls in diese Richtung, „weil manchmal die Fakten … da wird schnell drüber gelesen und doch nicht so gemerkt, was für Auswirkungen das eigentlich gehabt hat."[126] Im Gegensatz zur Annahme der Lehrkraft AHS_Stm_3, dass starke Emotionen bei Gedenkstättenbesuchen nicht schaden können,[127] gibt Matthias Heyl zu bedenken, dass „Drastik und Überwältigung ebenso dazu geeignet sind, Zugänge zu verschließen, da wir um das Widerstandspotenzial Jugendlicher wissen, die sich […] dagegen wehren, wenn sie zum Objekt einer Choreografie der Emotionen von außen gemacht werden."[128] Die KZ-Gedenkstätte Mauthausen hat die emotionale Überwältigung als Problem grundsätzlich erkannt und spricht sich für eine fundierte Nachbereitung des Besuchs aus.[129] Dies erscheint jedoch nur dann möglich, wenn die über die zweistündige Führung hinausgehenden Vermittlungsangebote von den Lehrkräften gebucht werden oder eine diesbezügliche Nachbereitung durch die Lehrpersonen angeleitet wird. Erfolgt dies, können Emotionen auch zum Ausgangspunkt für eine grundsätzliche Auseinandersetzung mit Formen des Gedenkens an den Holocaust werden,[130] was den Zielen des Lehrplans dienen würde.

Zur in der Forschung diskutierten Frage, inwiefern ein Gedenkstättenbesuch zu einer Änderung der Einstellungen der Lernenden führt,[131] kann aufgrund des

---

124 Matzka/Miklas, Erinnerungskultur in Mauthausen, 104.
125 Vgl. Kathi Bromberger/Matthias Rosendahl, Die Gedenkstätte Bautzen als außerschulischer Lernort. Ergebnisse einer empirischen Studie zu Schulklassenbesuchen, in: Bert Pampel (Hg.), Erschrecken – Mitgefühl – Distanz. Empirische Befunde über Schülerinnen und Schüler in Gedenkstätten und zeitgeschichtlichen Ausstellungen (Zeitfenster 8), Leipzig 2011, 147–169, 167.
126 Interview mit AHS_Wien_18.
127 Vgl. Interview mit AHS_Stm_3.
128 Matthias Heyl, Mit Überwältigendem überwältigen? Emotionen in KZ-Gedenkstätten, in: Juliane Brauer/Martin Lücke (Hg.), Emotionen, Geschichte und historisches Lernen. Geschichtsdidaktische und geschichtskulturelle Perspektiven (Studien des Georg-Eckert-Instituts zur internationalen Bildungsmedienforschung 133), Göttingen 2013, 239–259, 247.
129 Vgl. Baumgartner/Girstmair, „… weil ich das einmal sehen wollte.", 51.
130 Vgl. Münch, Gedenkstättenbesuche, 106.
131 Vgl. dazu neben den Ergebnissen der Befragungen in Mauthausen (Baumgartner/Girstmair, „… weil ich das einmal sehen wollte."; Isabella Girstmair/Andreas Baumgartner, Zwischen Betroffenheit und Schaulust. Konzeption und erste Ergebnisse der BesucherInnen-Studie an der KZ-Gedenkstätte Mauthausen im Hinblick auf SchülerInnen, in: Bert Pampel (Hg.), Erschrecken – Mitgefühl – Distanz. Empirische Befunde über Schülerinnen und Schüler in Gedenkstätten und zeitgeschichtlichen Ausstellungen (Zeitfenster 8), Leipzig 2011) u. a. die

hier vorliegenden Datenmaterials kein Beitrag geleistet werden. Allerdings ergibt sich aus den Interviews mit den Geschichtslehrkräften, dass teilweise auch die Lernenden erwarten, in einer Gedenkstätte besonders emotional berührt zu werden. Im Interview berichtet eine Lehrperson, dass eine Klasse irritiert war, dass die Lernenden beim Besuch der Gedenkstätte Mauthausen

> „emotional nicht zusammengebrochen sind. Das heißt, ihre Erwartungen mit dem Museumsbesuch sind nicht konform gegangen mit dem, was sie dann an Emotionen gezeigt haben. Das war eigentlich ein total toller Anlass, darüber noch einmal zu reflektieren. [...] Muss ich da jetzt emotional zusammenbrechen oder wie gehe ich mit diesem Gefühl um, was soll ich?"[132]

Um bei den Jugendlichen keine falschen Erwartungen zu wecken, wie sie in verschiedenen Studien nachgewiesen wurden,[133] sei es, wie u. a. NMS_Wien_2 betont, wichtig, im Vorfeld über die jeweilige Gedenkstätte zu informieren, „weil sie [die Klassen] ja natürlich Dramatisches, Schreckliches erwarten und man ihnen klarmachen muss, es ist jetzt nur noch eine Gedenkstätte, da stehen nur noch die Gebäude da, alles andere muss man sich vorstellen können".[134] Darüber hinaus seien, wie NMS_Tirol_2 erklärt, die Voraussetzungen bei den Jugendlichen sehr unterschiedlich, weshalb eine intensive Vorbereitung nötig ist:

> „[E]s gibt auch Kinder, die können ganz schwer mit der Thematik umgehen. Zum Beispiel ein Mädchen hat gesagt ‚Boah! Ich will da nicht hin, wo so viele Menschen gestorben sind!' Und je nachdem, wie die Klasse da auch ist, muss man sie eben individuell vorbereiten. Andere muss man eher einbremsen und sagen ‚Hallo! Das ist jetzt nicht ... quasi, lässig, sondern da ist das und das passiert!'"[135]

Ein weiteres oft genanntes Argument für Gedenkstättenbesuche ist die Wirkmächtigkeit des authentischen Ortes.[136] Erfolgt keine oder aus Sicht der Lernenden eine zu geringe Beschäftigung mit originalen Gegenständen und Ge-

---

Studie von Alexandra Marx und Michael Sauer: Alexandra Marx/Michael Sauer, Lerneffekte von Gedenkstättenbesuchen im Kontext des Geschichtsunterrichts. Eine quantitative Studie am Beispiel der KZ-Gedenkstätten Buchenwald und Moringen, in: Bert Pampel (Hg.), Erschrecken – Mitgefühl – Distanz. Empirische Befunde über Schülerinnen und Schüler in Gedenkstätten und zeitgeschichtlichen Ausstellungen (Zeitfenster 8), Leipzig 2011, 115–145.

132 Interview mit AHS_Stm_4.

133 Enttäuschung wird insbesondere in Bezug auf den Mangel an authentischen Objekten geäußert. Vgl. Bert Pampel, „Mit eigenen Augen sehen, wozu der Mensch fähig ist". Zur Wirkung von Gedenkstätten auf ihre Besucher, Frankfurt am Main 2007, 101; Alexandra Marx/Michael Sauer, Historisch-politisches Lernen in Gedenkstätten. Ergebnisse einer empirischen Studie, in: Jan Hodel/Béatrice Ziegler (Hg.), Forschungswerkstatt Geschichtsdidaktik 09. Beiträge zur Tagung „geschichtsdidaktik empirisch 09" (Geschichtsdidaktik heute 3), Bern 2011, 62–75, 71.

134 Interview mit NMS_Wien_2.

135 Interview mit NMS_Tirol_2.

136 Vgl. Interview mit AHS_Tirol_1.

bäuden, kann dies zu Enttäuschungen führen, wie NMS_Wien_7 ausführt: „Aber dort hat man halt wieder das Problem, da hat man den Schüler komplett eigentlich den Rundgang in die Hand gegeben, anhand verschiedener Materialien und die wollten aber sehr viel über den Ort erfahren. Und diese Verbindung hat nicht stattgefunden."[137] Damit stimmen die meisten Lehrkräfte mit der Sicht der Geschichtsdidaktik überein, dass an historischen Orten insbesondere über diese gelernt werden sollte.[138] Im Sinne des FUER-Kompetenzmodells und der im Lehrplan geforderten Kontextualisierung und kritischen Betrachtung von Gedenkstätten wäre es insbesondere wünschenswert, wenn sich die Lernenden in den Vermittlungsprogrammen stärker mit der Form der Rekonstruktion der Geschichte an diesen Orten beschäftigen würden, also mit der „Machart" der besuchten Gedenkstätte[139] – es gilt, um mit Verena Haug zu sprechen, „die Geschichte des Ortes wie der Gedenkstätte und seine Gegenwärtigkeit […] als Lernanlass wirklich ernst"[140] zu nehmen. Susanne Popp zufolge sind – und damit zeigt sich auch die Überschneidung geschichtsdidaktischer Zielsetzungen mit jenen der Holocaust Education[141] – die originalen Überlieferungen von entscheidender Bedeutung für den Aufbau einer „resistenten Haltung gegenüber Positionen […], die die NS-Verbrechen leugnen oder verharmlosen."[142]

## V.   Fazit

Die Software MAXQDA bot im vorliegenden Projekt die Möglichkeit, Interviews systematisch zu analysieren: Die in den Interviews verstreuten Aussagen der Lehrkräfte wurden ausfindig gemacht und entsprechend codiert – durch Prü-

---

137 Interview mit NMS_Wien_7. Aufgrund dieser Erfahrung bezweifelt die Lehrkraft mittlerweile, dass ein Gedenkstättenbesuch viel bewirken kann: „[I]ch weiß über ein KZ, wenn ich dort war, nicht mehr, als wenn ich nicht dort gewesen wäre. Ich habe es gesehen, aber ob es mir hilft, den Ort zu verstehen, ich glaube nicht."
138 Vgl. Ulrich Baumgärtner, Historische Orte, in: Geschichte lernen (2005) 106, 12–18, 15–18.
139 Vgl. dazu Waltraud Schreiber, „Kraft der Freiheit – Geist der Diktatur". Über die Herausforderung, Besucherinnen und Besucher an Gedenkstätten in der Entwicklung ihrer historischen Kompetenz zu fördern, in: Dorothee Brovelli/Karin Fuchs/Raffael von Niederhäusern/Armin Rempfler (Hg.), Kompetenzentwicklung an ausserschulischen Lernorten. Tagungsband zur 2. Tagung Ausserschulische Lernorte der PHZ Luzern vom 24. September 2011 (Ausserschulische Lernorte – Beiträge zur Didaktik 2), Münster 2012, 35–67, 54–58.
140 Verena Haug, Gedenkstättenpädagogik. Kompensation schulischer Defizite oder neue Teildisziplin?, in: Wolfgang Meseth/Matthias Proske/Frank-Olaf Radke (Hg.), Schule und Nationalsozialismus. Anspruch und Grenzen des Geschichtsunterrichts (Wissenschaftliche Reihe des Fritz-Bauer-Instituts 11), Frankfurt am Main 2004, 252–267, 263.
141 Vgl. dazu Nora Sternfeld, Kontaktzonen der Geschichtsvermittlung. Transnationales Lernen über den Holocaust in der postnazistischen Migrationsgesellschaft, Wien 2013, 94–95.
142 Susanne Popp, Geschichtsdidaktische Überlegungen zum Gedenkstättenbesuch mit Schulklassen, in: Historische Sozialkunde 2003 4, 10–16, 11.

fung der Intercoder-Reliabilität wurde die Güte des Kategoriensystems sichergestellt und damit auch für weitere, ähnlich gelagerte Forschungsprojekte bzw. Datensätze nutzbar gemacht, weshalb die Arbeit mit einer Qualitative-Data-Analysis-Software für das Projekt unerlässlich war. MAXQDA ermöglichte schließlich die Aussagen der Lehrpersonen in eine neue Ordnung zu bringen: Pro Subcode wurden die entsprechenden Codings im Programm angezeigt. Auf dieser Grundlage erfolgte die Abfassung der Analyse, in der die Aussagen der Lehrpersonen in Beziehung zum Forschungsstand gesetzt wurden.

Wie aufgrund der Pilotstudie zur Gedenkstätte Mauthausen und der qualitativen Untersuchung „Zum Umgang mit Nationalsozialismus, Holocaust und Erinnerungskultur" an Salzburger Schulen zu vermuten war, ist es den meisten Lehrkräften wichtig, mit ihren Klassen eine Gedenkstätte zu besuchen, womit vielfach auch Ziele der Politischen Bildung erreicht werden sollen. Die Interviews zeigen aber auch deutlich, dass Gedenkstättenbesuche in der Sekundarstufe I recht umstritten sind. Dies hängt wohl auch damit zusammen, dass viele Lehrkräfte mit solchen emotionales Lernen verbinden; folglich werden Lernende der Sekundarstufe I als nicht reif genug erachtet. Aus Sicht der Geschichtsdidaktik sollte historisches Lernen an Gedenkstätten jedoch die Förderung von fachspezifischen Kompetenzen und konkret langfristig aufzubauende Fähigkeiten, Fertigkeiten und Bereitschaften zur Erschließung und Nutzung von solchen Orten zum Ziel haben.[143] Wie auch andere Studien zur Umsetzung der Kompetenzorientierung an österreichischen Schulen zeigen,[144] wäre es wichtig, bei den Lehrpersonen das Bewusstsein für die Möglichkeiten der Förderung von historischen Kompetenzen im Sinne des FUER-Kompetenzmodells zu steigern; die Lehrkräfte wurden dahingehend zwar nicht getestet, doch wurden keine den österreichischen Lehrplänen entsprechenden Erwartungen im Zusammenhang mit Gedenkstättenbesuchen formuliert.

---

143 Vgl. Pampel, Gedenkstätten, 21.
144 Vgl. u. a. Christian Pichler, Kompetenzorientierter Geschichtsunterricht und fachspezifisches Professionsverständnis, ein Dilemma, in: Zeitschrift für Didaktik der Gesellschaftswissenschaften 7 (2016) 2, 13–31; Roland Bernhard/Christoph Kühberger, Domänen(un)spezifisch – Empirische Befunde zum Kompetenzverständnis von Geschichtslehrpersonen, in: Monika Waldis/Béatrice Ziegler (Hg.), Forschungswerkstatt Geschichtsdidaktik 17. Beiträge zur Tagung „geschichtsdidaktik empirisch 17" (Geschichtsdidaktik heute 11), Bern 2019, 119–130.

Sarah Oberbichler

# Argumentationsanalyse von historischen Migrationsdiskursen in Zeitungsberichterstattung mittels Atlas.ti

## I. Einleitung

Wachsende, zunehmend digital vorhandene Datenbestände bedürfen des Rückgriffs auf Methoden der digitalen Geisteswissenschaften. Allzu häufig werden jedoch computergestützte Verfahren und klassisch hermeneutische Vorgehensweisen als sich gegenseitig ausschließend betrachtet. Digitale Methoden können und sollen jedoch klassische Forschung nicht ersetzen, sondern sie unterstützen und erleichtern. So sind etwa Text Mining-Methoden (algorithmus-basierte Textanalysen mit dem Ziel der Extrahierung und Strukturierung von großen Datenbeständen)[1] allein nicht in der Lage, sprachliche Muster im historischen Kontext zu verorten, zu interpretieren und kritisch zu hinterfragen, was die anhaltende Kritik an diesen Werkzeugen erklärt. Umgekehrt wird aber auch die auszugsweise Analyse von Texten ohne Miteinbezug des Gesamtkorpus hinterfragt. So betonen einzelne WissenschaftlerInnen,[2] dass für eine umfassende Diskursanalyse ein vollständiges Korpus analysiert werden müsse. Kritisch hinterfragt wird beispielsweise die auszugsweise Auswahl von Texten, wodurch Zweifel bezüglich der Repräsentativität aufkämen. Auch könne die Untersuchung von einer kleinen Anzahl an Texten oder Textfragmenten keine Aufschlüsse über Entwicklungen über Jahre hinweg leisten.[3] Ansätze, in denen Diskursanalysen in umfangreichen digitalen und mit möglichst vollständigen Textkorpora durchgeführt werden, stoßen in der Forschung daher nicht umsonst

---

1 Siehe dazu: Matthias Lemke/Gregor Wiedemann (Hg.), Text Mining in den Sozialwissenschaften: Grundlagen und Anwendungen zwischen qualitativer und quantitativer Diskursanalyse, Wiesbaden 2016.

2 Zum Beispiel: Veronica Koller/Gerlinde Mautner, Computer Applications in Critical Discourse Analysis, in: Carolin Coffin/Ann Hewings/Kieran O'Halloran, Applying English Grammar: Corpus and Functional Approaches, London 2004, 216–228, 218.

3 Costas Gabrielatos/Paul Baker, Fleeing, Sneaking, Flooding: A Corpus Analysis of Discursive Constructions of Refugees and Asylum Seekers in the UK Press 1996–2005, in: Journal of English Linguistics 36 (2008), 5–38, 7.

auf großes Interesse. So ist auch das diesem Beitrag zugrundeliegende Forschungsprojekt zur Wahrnehmung von Migration[4] in den Südtiroler Tageszeitungen „Dolomiten" und „Alto Adige" über 25 Jahre hinweg eine Untersuchung
eines möglichst umfassenden Korpus.

Die Studie umfasst den Analysezeitraum von 1990 bis 2015 (vor 1990 war
Südtirol mehr Auswanderungsland als Einwanderungsland) und hat die Untersuchung des Argumentierens über Migration in einer Provinz, in der neben der
italienischen Sprachgruppe auch autochthone Minderheiten deutscher und la-
dinischer Erstsprache leben, zum Gegenstand. Die „neue" Minderheit, wie Mi-
grantengruppen in Südtirol auch genannt werden, muss sich in dieser Region
nicht nur in eine fremde Gesellschaft integrieren, sondern auch in das komplexe
System von Mehrsprachigkeit und Minderheitenschutz, das Menschen anderer
Herkunft nicht kennt.[5] Erforscht wurde, wie unter diesen Rahmenbedingungen
Migration und MigrantInnen wahrgenommen und dargestellt werden, ob es
Unterschiede zwischen der deutschsprachigen und der italienischsprachigen
Seite gibt und inwiefern ein differenzierter Diskurs vorhanden ist bzw. inwiefern
die Bedrohung des besonderen Südtirol-Modells durch die Zuwanderung aus-
ländischer BürgerInnen thematisiert wird. Angenommen wurde hierbei, dass das
spezielle, von ethnischen Diskursen dominierte politische und soziale System in
Südtirol sich auf die Wahrnehmung von Migration auswirkt, und zwar in beiden
bzw. drei autochthonen Minderheiten unterschiedlich. Empirisch verifiziert und
überprüft wurde diese These durch eine vergleichende qualitative Analyse der
bereits genannten Tageszeitungen sowie durch die Auswertung von Archivma-
terial und politischen Debatten. Das Interesse lag hierbei bei der Auswertung von
Argumentationen, die fester Bestandteil im Sprechen über Migration sind und
wichtige Rückschlüsse auf das kollektive Wissen einer Gesellschaft geben.

Ziel dieses Beitrags ist es, anhand von sieben wesentlichen Schritten aufzuzeigen, wie Mikro- und Makroanalysen auf eine Art und Weise kombiniert
werden können, sodass am Ende valide Forschungsergebnisse vorliegen. Angenommen wird dabei, dass makroanalytische Vorgehensweisen stets mit Mikro-

---

4  Migration beschreibt grundsätzlich alle unfreiwilligen und freiwilligen Wanderungen von
   Menschen, hierzu: Franz Nuscheler, Internationale Migration. Flucht und Asyl, Wiesbaden
   ²2004, 52. Laut Nuscheler umfasst der Begriff der Migration alle Wanderungsbewegungen: die
   freiwillige Auswanderung, Familienzusammenführung, irreguläre Migration, Studienaufent-
   halte im Ausland und die durch Krieg, politische Verfolgung, existentielle Notlagen und
   Umweltkatastrophen erzwungene Flucht.
5  Vgl. Roberta Medda-Windischer, Diversity Management „neuer" Minderheiten in Alto Adige/
   Südtirol, in: Roberta Medda-Windischer/Gerhard Hetfleisch/Maren Meyer (Hg.), Migration in
   Südtirol und Tirol. Analysen und multidisziplinäre Perspektiven, Bozen 2011, 19–33.

analysen kombiniert werden müssen – auch Blended Reading[6] genannt –, um aussagekräftige Analyseergebnisse zu erzielen. Aufgebaut ist der vorliegende Beitrag wie folgt: Zunächst wird die Erforschung historischer Migrationsdiskurse im digitalen Zeitalter reflektiert und hierunter die Grenzen der computerbasierten Auswertung aufgezeigt sowie auf die Methode des Blended Reading eingegangen. Anschließend wird ein Einblick in die Argumentationsanalyse innerhalb des Migrationsdiskurses der deutschsprachigen „Dolomiten" und der italienischsprachigen „Alto Adige" gegeben, um daraufhin auf jene sieben Schritte zu sprechen zu kommen, die im Forschungsprojekt zu einer sinnvollen Kombination von Distant und Close Reading beigetragen haben.

## II.  Die Erforschung historischer und medialer Migrationsdiskurse im digitalen Zeitalter

Freiwillige und unfreiwillige Migrationsbewegungen sind historisch gesehen nicht neu. Damals wie auch heute verändern sie Gesellschaften und bestimmen das Weltgeschehen. Auch in Südtirol – der nördlichsten Provinz Italiens – sind MigrantInnen in den letzten 25 Jahren immer sichtbarer geworden – zumindest in den Medien. Denn trotz wachsender Zahlen (neun Prozent im Jahr 2018 im Vergleich zu einem Prozent der Gesamtbevölkerung im Jahr 1990)[7] und großer Vielfalt war und ist die Sichtbarkeit von MigrantInnen in der Südtiroler Öffentlichkeit mehrheitlich auf die Darstellung in den Medien beschränkt. In politischen oder gesellschaftlichen Kontexten sind sie hingegen kaum präsent.

Medien spielen eine Schlüsselrolle bei der Konstruktion des *Fremden*. So gehen mit Migration immer medial produzierte und vermittelte Vorstellungen des Fremdseins einher. Medien als machtvolle Instanzen tragen wesentlich dazu bei, welches Bild von Migration sich im kollektiven Gedächtnis[8] einer Gesellschaft verankert bzw. niederschlägt. Wenn Medien (über MigrantInnen) be-

---

6 Vgl. Alexander Stulpe/Matthias Lemke, Blended Reading. Theoretische und praktische Dimensionen der Analyse von Text und sozialer Wirklichkeit im Zeitalter der Digitalisierung, in: Lemke/Wiedemann (Hg.), Text Mining, 16–62, 18–25.

7 ASTAT, URL: https://astat.provinz.bz.it/de/bevoelkerung.asp, (abgerufen 29.12.2018); Rainer Girardi/Eva Pfanzelter, Migration in Zahlen: Ein- und Auswanderung in Südtirol in den amtlichen Statistiken, in: Eva Pfanzelter/Dirk Rupnow (Hg.), einheimisch – zweiheimisch – mehrheimisch, Bozen 2017, 43–67, 40.

8 Medien sind Teil des schriftlichen Nachlasses der Menschheit und gehören somit zum kulturellen Gedächtnis, vgl. dazu: Aleida Assmann/Jan Assmann, Das Gestern im Heute. Medien und soziales Gedächtnis, in: Klaus Merten/Siegfried J. Schmidt/Siegfried Weischenberg (Hg.), Die Wirklichkeit der Medien. Eine Einführung in die Kommunikationswissenschaft, Opladen 1994, 114–140.

richten, konstruieren sie also Wirklichkeit bzw. Medienrealität,[9] womit sie das Denken und Argumentieren der RezipientInnen steuern und beeinflussen. Migrantinnen und Migranten sowie Menschen mit Migrationserfahrung in Südtirol sind aufgrund eingeschränkter Mitsprachemöglichkeit der lokalen Medienwirklichkeit, oder besser gesagt, den zwei ethnisch getrennten Wirklichkeiten, besonders ausgeliefert. Denn Südtirols Mediensystem ist, wie auch Südtirols Gesellschaft, gespalten und die zwei größten Südtiroler Tageszeitungen, die deutschsprachige „Dolomiten" und die italienischsprachige „Alto Adige", berichten stets im Interesse ihrer eigenen Sprachgruppe und der eigenen politischen Leitgedanken.[10]

Mithilfe der Tageszeitungen können AkteurInnen gezielt Argumentationen verbreiten, die für die Zustimmung oder Ablehnung von (politischen) Maßnahmen führen. Geht es darum, die Einschränkung der Zuwanderung von Menschen mit ausländischem Pass zu legitimieren, ist die Darstellung der MigrantInnen als *Gefahr* eine logische Konsequenz. Wenn es gilt, Zustimmung für die eigene Partei zu gewinnen, können Argumente, die die einheimische Bevölkerung in den Vordergrund stellen, eine wirksame Argumentationslinie sein. Der politische Nutzen von Zugewanderten wird wiederum hervorgehoben, wenn es darum geht, einen Vorteil für die eigene Sprachgruppe zu erkämpfen. Für jede Situation gibt es folglich wirksame Argumente, mit denen für oder gegen bestimmte Handlungen plädiert, mit denen kritisiert oder pauschalisiert, Ängste verstärkt oder vermindert wurden. Zudem können gewisse Trends im Sprechen über freiwillige und unfreiwillige Migration nachgezeichnet werden, denn es sind stets dieselben Argumentationen, die Generation für Generation den Migrationsdiskurs begleiteten.[11]

Digitale Zeitungsbestände und (semi-)automatische Auswertungen machen es möglich, derartige Argumentationsschemata über einen langen Zeitraum hinweg und in Tausenden von Artikeln zu untersuchen sowie Trends im Sprechen über Menschen mit ausländischem Pass zu ermitteln. Die digitale Revolution hat diesen Weg für die Wissenschaft eröffnet. Gleichzeitig können immer größer werdende Bestände ohne technische Hilfsmittel nicht bewältigt werden. Diese Grenze ist nicht erst bei Millionen von Zeitungsartikeln anzusetzen, es reichen bereits einige Zehntausend. Der computerbasierten Auswertung sind dabei aber eindeutig Grenzen gesetzt, wie Jeffrey Drouin in seinem Artikel

---

9  Vgl. Urs Dahinden/Daniel Süss, Einleitung: Medienrealitäten als Forschungsprogramm, in: Urs Dahinden/Daniel Süss (Hg.), Medienrealitäten, Konstanz 2009, 9–17.

10 Siehe ausführlicher dazu: Sarah Oberbichler, Südtirol und seine *neuen* Minderheiten. Das Sprechen über Migration in den Südtiroler Tageszeitungen *Alto Adige* und *Dolomiten* von 1990 bis 2015 – Eine vergleichende diskurshistorische Korpusanalyse, phil. Diss., Universität Innsbruck 2019.

11 Ebd., 305–313.

„Close- and Distant-Reading Modernism: Network Analysis, Text Mining, and Teaching the Little Review" treffend zum Ausdruck brachte: „[...] the main weakness of big data methodologies is their inability to read the works that their algorithms quantify, to see what they actually say or how they position themselves in context."[12] Mit dieser Aussage traf Drouin den Nerv des eigentlichen Problems: Die Unfähigkeit der Maschine den historischen oder diskursiven Kontext zu erfassen.

Aus diesem Grund sind automatisierten Auswertungen insbesondere bei qualitativen Textanalysen (zu der auch Diskursanalysen gehören) klare Grenzen gesetzt. Auch wenn es computerlinguistische Methoden gibt, die auch eine Diskursanalyse mittels Makroanalyse ermöglichen, wie zum Beispiel die Berechnung von Kollokationen,[13] für eine schlüssige Interpretation und für die Kontextualisierung sind fraglos nach wie vor die Kenntnis des Gesamttextes sowie die menschliche Kompetenz des hermeneutischen Sinnverstehens gefragt.[14] Für ein diskursanalytisches Verstehen müssen also Verständnis und Kontextinformationen miteinbezogen werden, weshalb Detailanalysen notwendig sind.[15]

Die Kombination von Makro- und Mikroanalysen – in Alexander Stulpes und Matthias Lemkes Nomenklatur als Blended Reading bezeichnet – scheint einen möglichen Ansatz zu bieten, um beide Varianten zu verbinden. Blended Reading bezeichnet dabei eine Analysestrategie, die menschliche und computergestützte Kompetenzen kombiniert. Konkret bedeutet das, dass Analyseverfahren aus dem Repertoire des Text Mining mit der Notwendigkeit, Einzeltexte selbst zu lesen, verknüpft werden. Stulpe und Lemke unterscheiden dabei drei wesentliche Analyseebenen: Verfahren erster Ordnung sind datenstrukturierend (z. B. basale Strukturierung des Textdatenbestandes im Zeitverlauf), Verfahren zweiter Ordnung quantitativ und inhaltlich (z. B. Kookkurrenzanalyse oder Topic Modeling) und Verfahren dritter Ordnung qualitativ und interpretengestützt (z. B. Annotationen). Diese Verfahren stehen nicht starr nebeneinander, sondern um-

---

12 Jeffrey Drouin, Close- And Distant-Reading Modernism: Network Analysis, Text Mining, and Teaching The Little Review, in: The Journal of Modern Periodical Studies 5 (2014) 1, 110–135, 111–112.

13 Vgl. Noah Bubenhofer, Quantitativ informierte qualitative Diskursanalyse. Korpuslinguistische Zugänge zu Einzeltexten und Serien, in: Kersten Sven Roth/Carmen Spiegel (Hg.), Angewandte Diskurslinguistik. Felder, Probleme, Perspektiven, Berlin 2013, 109–134, 112–113.

14 Vgl. Claudia Fraas/Christian Pentzold, Big Data vs. Slow Understanding? Voraussetzungen und Vorgehen computerunterstützter Analyse transmedialer multimodaler Diskurse, in: Zeitschrift für germanistische Linguistik 43 (2015) 1, 122–133, 130.

15 Vgl. Danah Boyd/Kate Crawford, Critical Questions for Big Data, in: Information, Communication & Society 15 (2012) 5, 662–679, 670–671.

schließen sich vielmehr gegenseitig, womit genaues Lesen und computergestützte Auswertungen in einem ständigen Austausch stehen.[16]

## III.  Das Analysekorpus

Ausgangsbasis für die Beantwortung der in der Einleitung genannten Forschungsfragen und Bestätigung der Hypothesen bildet ein eigens zusammen-
gestelltes Korpus zum Thema „Migration und Südtirol", das insgesamt 20.788
Zeitungsartikel umfasst. Digitalisierte Ausgaben der „Alto Adige" lagen in der
Stadtbibliothek Bozen auf und Textdateien der „Dolomiten" wurden vom „Dolomiten"-Archiv der Athesia Druck GmbH in Bozen zur Verfügung gestellt. Auch
wurde ein Teil der „Alto Adige" selbst digitalisiert.[17]
    Für die deutschsprachige „Dolomiten" wurden folgende Suchbegriffe heran-
gezogen (das Asterisk ermöglicht dabei ein Durchsuchen von Wortstämmen mit
allen möglichen Endungen):

*Nicht-EU-Bürger\*, Nicht-EG-Bürger\*, Zuwander\*, Zugewanderte\*, Saisonkräfte\*, Sai-
sonarbeitskräfte\*, ausländisch\* \*migra\*, Einwander\*, Ausländer\*, Gastarbeiter\*, Sai-
sonarbeiter\*, Fremdarbeiter\*, Fremde, Flüchtling\* (asylant\*, asylberechtigt\*, asylsu-
chend\*, Asylwerber, Asylbewerber\*).*

Für die italienischsprachige „Alto Adige":

*extracomunitar\*, \*migra\*, stranier\*, lavorator\* stagional\*, profugh\* (rifugiat\*, fuggi-
asc\*, fuggitiv\*, asilo politico, richiedenti asilo).*

Erstellt wurde das Korpus durch eine komplexe Stichwortsuche, die die Themen
rund um Migration abdeckt und die Beantwortung der Fragestellungen zulässt,
wobei im Deutschsprachigen eine größere Variation an unterschiedlichen Bezeichnungen identifiziert werden konnte als im Italienischen.
    Nicht jeder Artikel, der die genannten Stichworte enthielt, wurde in das Sub-
korpus aufgenommen. Kamen Stichworte ohne weitere Thematisierung und
Kontextualisierung vor, hat dies zum Ausschluss jener Artikel geführt. Fraglos
hätte die Wahl anderer Stichworte zu unterschiedlichen Ergebnissen geführt. So
wurde beispielsweise bewusst nicht nach Nationalitäten oder Herkunftsländern
gefragt. Eine möglichst vollständige Suche wäre nur unter extrem hohem Zeitaufwand möglich gewesen und die Konzentration auf einige wenige Nationali-

---

16 Vgl. Stulpe/Lemke, Blended Reading, 43–45; Matthias Lemke/Alexander Stulpe, Text und
   soziale Wirklichkeit. Theoretische Grundlagen und empirische Anwendung von Text-Mi-
   ning-Verfahren in sozialwissenschaftlicher Perspektive, in: Zeitschrift für germanistische
   Linguistik 43 (2015) 1, 52–83.
17 Detailliertere Angaben hierzu: Oberbichler, Südtirol und seine *neuen* Minderheiten, 49–51.

täten oder Länder hätte zu einer selektiven Auswahl und somit Verzerrung der Ergebnisse geführt.

Außerdem wurden bei der Suche lediglich die regionale Berichterstattung beider Tageszeitungen berücksichtigt, was aber nicht bedeutet, dass nicht auch globale Migrationsphänomene reflektiert werden. Denn Migrationsdiskurse folgen weltweit ähnlichen Argumentationsstrategien – so auch in Südtirol. Es ist jedoch die Regionalpresse, die die breite Masse erreicht und somit wesentlich zur Meinungsbildung im Land beiträgt.[18] Neben Berichten, Meldungen, Kommentaren, Interviews, Reportagen, Portraits und Umfragen wurden zudem auch Leserbriefe in das Untersuchungskorpus aufgenommen. Leserbriefe sind – im Unterschied zu den restlichen Textsorten – zumeist von Privatpersonen verfasst, die mit wertenden Äußerungen an die Medienöffentlichkeit treten.[19] Trotzdem können sie nicht als Form der direkten Meinungsäußerung verstanden werden, sondern stellen einen bedeutenden Teil der Printöffentlichkeit dar.[20]

## IV.  Vom Korpus zu validen Analyseergebnissen – eine 7-Schritte-Methode mittels Atlas.ti

Um der großen Anzahl von Zeitungsartikeln gerecht zu werden, ist der Einsatz computerbasierter Programme sinnvoll und notwendig. Für die Analyse von Diskursen hat sich der Rückgriff auf das qualitative Analyseprogramm Atlas.ti als vorteilhaft erwiesen, da es eine Kombination von automatisierter und manueller Analyse zulässt, Netzwerkanalysen ermöglicht und einen unkomplizierten Rückgriff auf die Gesamttexte gestattet. Dabei erlaubt es Atlas.ti, neben dem manuellen Annotieren von Texten, komplexe automatisierte Stichwortsuchen durchzuführen und Ergebnisse zu visualisieren.

Die Stärken der qualitativen Software liegen neben seiner Vielseitigkeit und Flexibilität bei der Anwendbarkeit für verschiedene methodische Ansätze und Vorgehensweisen, sei es in den Bereichen der Datenverbindung, Strukturierung und Datenausgabe oder aber für die Repräsentation konzeptueller Zusammenhänge, etwa in Form von semantischen Strukturen.[21] Unterschieden wird

---

18 Vgl. ASTAT, Nr. 20/2007 (Die Lesegewohnheiten der Südtiroler – 2006), Bozen 2007, 5–6.
19 Vgl. Constanze Spiess, Diskurshandlungen: Theorie und Methode linguistischer Diskursanalyse am Beispiel der Bioethikdebatte (Sprache und Wissen 7), Berlin/Boston 2011, 274.
20 Vgl. Sonja Baláž, Die Integration der Russischsprachigen in die estnische Gesellschaft: Diskursanalyse der estnischsprachigen Tageszeitung *Postimees* (1995–1999), phil. Diss., Universität Greifswald 2011, 38; Nicolas Ruth, Was ist ACTA? Eine Diskurs-und Medienanalyse zum Ursprung des Urheberstreits (Populäre Kultur und Medien 6), Berlin 2013, 57.
21 Für weitere Erläuterungen und Beispiele aus der Forschung siehe etwa: Agnes Mühlmeyer-Mentzel, Das Datenkonzept von ATLAS.ti und sein Gewinn für „Grounded-Theorie"-For-

grundsätzlich zwischen einer textuellen und einer konzeptuellen Bearbeitungsphase mit Atlas.ti. Während es bei der textuellen Bearbeitungsphase um das
Zerlegen der Texte in relevante Textpassagen sowie der Kombination von Codes
oder Codegruppen für komplexere Suchformulierungen geht, handelt es sich bei
der konzeptuellen Phase um einen Arbeitsschritt, bei dem mithilfe der semantischen Verknüpfung von Textstellen mögliche Kandidaten für eine Taxonomie
oder Theorie entdeckt werden sollen.[22] Bei der Durchführung der diskurshistorischen Argumentationsanalyse wird Atlas.ti für die textuelle Bearbeitung eingesetzt, denn die semantische Verknüpfung ergibt sich durch die Zuordnung
relevanter Textpassagen zu dominanten Denk- und Argumentationsmustern
(Topoi), wobei Atlas.ti eine technische Stütze bei der Organisation, Kombination
und Visualisierung der annotierten Textstellen bietet, wie in den nächsten sieben
Schritten ausführlich erläutert wird:

## 4.1    Erster Schritt: Frequenzanalyse

Ein erster wichtiger Schritt ist die Herstellung eines sinnvollen Zugangs zum
Zeitungskorpus, womit eine Basis für weitere Analyseschritte geschaffen und
eine Grundstrukturierung des Textdatenbestandes vorgenommen wird.[23] Die
Frequenzanalyse bietet hierbei einen idealen Einstieg und bildet den Auftakt zur
computergestützten Analyse. Frequenzanalysen zählen relative und absolute
Häufigkeiten von Zeitungsartikeln bzw. Suchbegriffen und geben dadurch einen
Aufschluss über die Anzahl von Texten im Zeitverlauf bzw. über die Verbreitung
von bestimmten sprachlichen Mustern.[24]

Abbildung 1 visualisiert die absoluten Häufigkeiten von Zeitungsartikeln des
Subkorpus „Migration und Südtirol". Hierbei handelt es sich um jenes Korpus,
das aus dem Gesamtbestand der digitalisierten Tageszeitung „Dolomiten" und
„Alto Adige" mittels komplexer Begriffssuche extrahiert wurde, d.h. es lagen nur
noch jene Seiten und Artikel vor, die für die Forschungsfrage von Relevanz waren:

---

schungsarbeiten, URL: http://www.qualitative-research.net/index.php/fqs/article/view/1621/
3126 (abgerufen 8.2.2019); Susanne Friese, Qualitative Data Analysis with Atlas.ti, London
2012; Udo Kuckartz/Heiko Grunenberg/Thorsten Dresing (Hg.), Qualitative Datenanalyse:
computergestützt. Methodische Hintergründe und Beispiele aus der Forschungspraxis,
Wiesbaden 2007.

22  Vgl. Thomas Muhr, ALTAS/ti: Ein Werkzeug für die Textinterpretation, in: Andreas Boehm/
Andreas Mengel/Thomas Muhr (Hg.), Texte verstehen: Konzepte, Methoden, Werkzeuge,
Konstanz 1994, 317–324, 319.

23  Vgl. Stulpe/Lemke, Blended Reading, 44.

24  Vgl. Gregor Wiedemann/Matthias Lemke/Andreas Niekler, Postdemokratie und Neolibera-
lismus – Zur Nutzung neoliberaler Argumentation in der Bundesrepublik Deutschland 1949–
2011. Ein Werkstattbericht, in: Zeitschrift für Politische Theorie 4 (2013) 1, 80–96, 90.

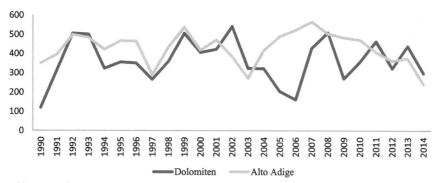

Abb. 1: Diachrone Frequenzanalyse aller Zeitungsartikel des Korpus Migration und Südtirol

Die Frequenzgrafik bietet erste Einstiegspunkte für das weitere genaue Lesen. Die Abbildung wirft Fragen auf, die eine weitere genauere Untersuchung einzelner Zeitabschnitte unabdingbar machen. Diese Fragen können wie folgt lauten: Warum wurde 1991/92 so häufig über Migration berichtet, obwohl zu dieser Zeit nicht mehr als 5.099[25] Menschen mit ausländischem Pass in Südtirol lebten? Was ist der Grund für quantitative Unterschiede in der Berichterstattung beider Tageszeitungen (zum Beispiel 2002, 2006 oder 2009) und wann wird besonders selten oder häufig über Migration gesprochen?

Um Rückschlüsse auf die Verwendung von bestimmten Stichwörtern oder Mehrworteinheiten im Korpus zu erhalten, bietet sich ebenfalls die Durchführung einer Frequenzanalyse an. Ein Beispiel für eine solche Frequenzanalyse ist in Abbildung 2 zu finden. Die Abbildung zeigt, wann bestimmte Bezeichnungen für MigrantInnen in der deutschsprachigen Tageszeitung besonders häufig auftraten oder wie sich die Verwendung der Begriffe im Laufe der Zeit veränderte. Die in der Legende angegeben Begriffe umfassen dabei alle Benennungsmöglichkeiten (z.B. Flüchtling, Aslylwerber, Geflüchte). Treten zu einem Zeitabschnitt Häufungen auf (zum Beispiel 1999 der Begriff „Flüchtlinge" oder der Anstieg der Begriffe „Ausländer" und „Einwanderer" 2007 und 2008) oder zeigen sich deutliche Unterschiede zwischen beiden Tageszeitungen, bietet sich eine genauere manuelle Analyse an.

---

25   Vgl. Rainer Girardi, Geschichtlicher Abriss und demographische Daten zur Migration in Südtirol, in: Medda-Windischer/Hetfleisch/Meyer (Hg.), Migration in Südtirol und Tirol, 77–95, 78.

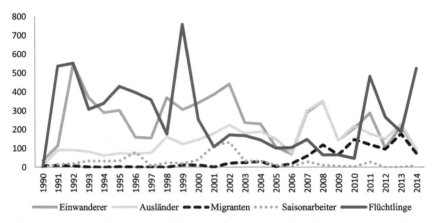

Abb. 2: Frequenzanalyse der Begriffe Einwanderer, Ausländer, Migranten, Saisonarbeiter, Flüchtling

## 4.2    Zweiter Schritt: Inhaltliche Auswertung

Nachdem Frequenzanalysen erste Einstiegspunkte und wichtige Hinweise zu signifikanten Diskursen offengelegt haben, kommt es zu ersten inhaltlichen Analysen. Ziel dieser inhaltlichen Erschließung ist die Generierung essentieller Diskurse bzw. Themen, die für die weitere Untersuchung von Bedeutung sind. Diese können entweder durch genaues Lesen oder – falls es das gewählte Analyseprogramm zulässt – durch computerbasierte Methoden wie Kookkurrenzanalysen bzw. Topic-Modelle erschlossen werden. Im Falle der manuellen Analyse werden die Überschriften der Artikel überflogen und dadurch wesentliche Themen und Entwicklungen identifiziert sowie festgehalten. Dasselbe Ziel wird mit computerbasierten Methoden angestrebt. Im Forschungsprojekt zur Wahrnehmung von Migration wurden die Themen mittels genauem Lesen ermittelt. Diese aufwändige und intensive Auseinandersetzung mit dem Korpus ist zudem wesentlich für den Analyseschritt, denn sie ermöglicht es ForscherInnen, das eigene Korpus detailliert kennenzulernen. Dadurch wird das eigene Korpus besser einschätzbar und den eigenen Analysen wird mehr Vertrauen geschenkt.

## 4.3    Dritter Schritt: Erstellen von Subkorpora

Jene Informationen, die durch das Lesen von Texten bzw. mithilfe von Kollokationsanalysen/Topic-Modellen gewonnen werden, können in einem dritten Schritt für erneute Stichwortsuchen herangezogen werden. Diese Stichwortsuchen dienen dem Erstellen von Subkorpora, die auf ein spezifisches Thema zugeschnitten sind. Das heißt, dem Gesamtkorpus werden kleinere thematische Einheiten entnommen, die abgetrennt vom restlichen Korpus weiteren Analysen zur Verfügung stehen. Möglich sind beispielsweise thematische Eingrenzungen zu Themen wie Integration, Moscheebau oder Flucht usw. Hierfür werden zunächst alle Textstellen autocodiert, die die gesuchten Stichworte enthalten. Im Konkreten heißt dies, dass alle Artikel, die beispielsweise die Begriffe „Moschee", „Gebetshaus", „Minarett" usw. enthalten, mit der „auto coding"-Funktion in Atlas.ti beschlagwortet und unter dem Überbegriff „Moschee" zusammengefasst wurden.

Abb. 3: Automatische Annotation von Zeitungsartikeln mithilfe der „auto coding"-Funktion zum Erstellen des Subkorpus „Moscheebau"

Das Programm durchsucht hierfür automatisch eines oder mehrere Dokumente nach einem ausgewählten Wort, Begriff oder einer Kombination von Begriffen und annotiert diese Fundstellen nach vorgegebenen Textlängen. Anschließend können die annotierten Artikel problemlos wiedergefunden werden. Diese so entstandenen Subkorpora bilden nun die Basis für die qualitative Auswertung der Texte. Natürlich muss auch dieser Analyseschritt durch genaues Lesen überprüft werden. Der Prozess wird jedenfalls solange wiederholt, bis keine neuen Keywords bzw. Zeitungsartikel mehr gefunden werden.

## 4.4    Vierter Schritt: Qualitative Auswertung

Das Fundament für die qualitative Auswertung wird durch die Annotation des Textmaterials gelegt. Dabei handelt es sich um einen Analyseschritt, der durch genaues Lesen und durch die InterpretInnen zu erbringen ist. Es gibt verschiedene methodische Zugänge, um Zeitungsartikel diskursanalytisch zu erfassen.

Eine dieser Möglichkeiten bildet die Argumentationsanalyse, die in dieser Arbeit zur Anwendung kam. Die Analyse von Argumentationsstrategien bzw. Argumentationsmustern nimmt in der Diskursforschung eine immer bedeutendere Stellung ein, so auch im Rahmen des in Wien von Ruth Wodak begründeten diskurshistorischen Ansatzes der Kritischen Diskursanalyse oder im Rahmen der in Düsseldorf durch Georg Stötzel begründeten historischen Diskurssemantik. Als besonders praxisnah und für vergleichende Analysen brauchbar hat sich die Methode der vergleichenden diskurshistorischen Argumentationsanalyse erwiesen. Begründet durch den der Düsseldorfer Schule der Diskursanalyse angehörigen Sprachwissenschaftler Martin Wengeler,[26] erlaubt diese Methode die Untersuchung von „plausiblen, unabhängig von ihrem Wahrheits- oder Richtigkeitsgehalt überzeugungskräftigen"[27] Argumentationen, die stets ein wichtiger Teil im Sprechen über Migration sind und mit denen in öffentlichen bzw. politischen Debatten Meinungen, Beschlüsse und Handlungen begründet oder legitimiert werden.[28] Analysiert werden dabei nicht Begriffe, die sich auf die Oberflächenebene der lexikalischen Zeichen beziehen, sondern Argumente bzw. Aussagen, die die Semantik miteinbeziehen und eine diskurs-semantische Perspektive ermöglichen.[29] Die Argumentationsanalyse hat sich speziell im Migrationsdiskurs etabliert, da sie eine „sinnvolle diskursanalytische Interpretation eines Textkorpus"[30] ermöglicht. Sie ist ein passendes Instrument, um Argumentationen, faktenbasiert oder nicht, zu erfassen, die in öffentlichen Diskursen Meinungen erklären oder Handlungen rechtfertigen.[31] Zudem werden durch die Formulierung von Schlussregeln/Topoi in ihrem Aussagewert vergleichbare Argumentationen zusammengefasst, wodurch eine überschaubare Anzahl von Grundaussagen geschaffen und ein Vergleich über eine lange Zeit hinweg ermöglicht wird. Einige Beispiele:

---

26  Martin Wengeler, Topos und Diskurs. Begründung einer argumentationsanalytischen Methode und ihre Anwendung auf den Migrationsdiskurs (1960–1985) (Reihe Germanistische Linguistik 244), Tübingen 2003.

27  Martin Wengeler, Zur historischen Kontinuität von Argumentationsmustern im Migrationsdiskurs, in: Christoph Butterwegge/Gudrun Hentges (Hg.), Massenmedien, Migration und Integration, Wiesbaden 2016, 11–35, 13.

28  Vgl. ebd.

29  Vgl. Dietrich Busse/Wolfgang Teubert, Ist Diskurs ein sprachenwissenschaftliches Objekt? Zur Methodenfrage der historischen Semantik, in: Dietrich Busse/Wolfgang Teubert (Hg.), Linguistische Diskursanalyse: neue Perspektiven, Wiesbaden 2013, 13–31, 25.

30  Ebd., 190.

31  Vgl. Wengeler, Zur historischen Kontinuität, 13.

| Schlussregel in kurzen Stichworten | Ausformulierte Schlussregel |
|---|---|
| Anpassung an die Mehr- heitsgesellschaft | Wenn MigrantInnen sich an die Kultur bzw. Werte und Regeln der Aufnahmegesellschaft anpassen, sind sie „gute" AusländerInnen und haben auch dementsprechend Unterstützung verdient. |
| MigrantInnen/Flüchtlinge als Belastung | Weil das Land mit einem Problem stark belastet ist, sollten Handlungen ausgeführt werden, die diese Belastung verringern. |
| Wir müssen christliche Werte leben | Weil Maßnahmen oder Handlungen mit den Grundsätzen des Christentums vereinbar bzw. nicht vereinbar sind, müssen diese Maßnahmen oder Handlungen ausgeführt bzw. unterlassen werden. |
| MigrantInnen werden diskriminiert | Weil MigrantInnen diskriminiert werden, bedarf es Maßnahmen, die diese Diskriminierung unterbinden. |

Tab. 1: Beispiele für Schlussregeln (in Stichworten und ausformuliert)

Eine diskurshistorische Analyse – und hier wird auf die Wiener Schule der Diskursanalyse verwiesen – darf aber neben dem argumentativen Aspekt nicht die Ebene des „nicht-sprachlichen gesellschaftlichen Kontextes"[32] vergessen. Die Bedeutung der einzelnen Argumentationsmuster entsteht nicht nur durch den Gebrauch im Diskurs, sondern auch in Verbindung mit dem relevanten Kontext. Um es einfach auszudrücken: Sprachliche Äußerungen finden an einem bestimmten Ort, zu einer bestimmten Zeit und aus einem bestimmten Grund statt, weshalb gesellschaftliche, historische und kulturelle Kontexte zu beachten sind.[33]

Um formale und inhaltliche Merkmale der Zeitungsartikel festzuhalten, wurde zeitgleich mit der Argumentationsanalyse eine Inhaltsanalyse durchgeführt. Denn durch inhaltsanalytische Verfahren können formale Aspekte wie Darstellungsformen, Medientypen oder Zeiträume miterschlossen und anschließend grafisch dargestellt werden. Die Inhaltsanalyse kann dabei als begleitende Analyse für die Argumentationsanalyse gesehen werden, in dem sie bei der Strukturierung, Abrufung und Einordnung einzelner Texte unterstützt. Unterschieden werden muss bei der Methode der Inhaltsanalyse zwischen qualitativen und quantitativen Verfahren.[34] Für diese Arbeit wurden quantitative Verfahren angewendet, mit deren Hilfe folgende Kriterien erfasst wurden:

---

32  Bernd Matouschek, Soziodiskursive Analyse öffentlicher Migrationsdebatten in Österreich. Zu Theorie, Methodik und Ergebnissen einer diskurshistorischen Untersuchung, in: Matthias Jung/Martin Wengeler/Karin Böke (Hg.), Die Sprache des Migrationsdiskurses. Das Reden über „Ausländer" in Medien, Politik und Alltag, Opladen 1997, 106–120, 114–115.

33  Vgl. ebd.

34  Vgl. Yvonne Ehrenspeck/Alexander Geimer/Steffen Lepa, Inhaltsanalyse, in: Uwe Sander/ Friederike von Gross/Kai-Uwe Hugger (Hg.), Handbuch Medienpädagogik, Wiesbaden 2008, 351–256, 351.

- Datum (Jahr und Monat)
- Art des Mediums („Dolomiten" oder „Alto Adige")
- Artikulationsmöglichkeiten von MigrantInnen (Kommen zu Wort bzw. kommen nicht zu Wort)
- Journalistische Form (Nachrichten/Meldungen, Berichte, Reportagen, Dokumentationen, Leitartikel/Kommentare/Glossen, Interviews, Pressemitteilungen, Leserbriefe)

Je nach Themenschwerpunkt wurden in diesem Analyseschritt mehrere Hundert bis mehrere Tausend Artikel nach Argumentationen durchsucht und in Atlas.ti manuell annotiert, sprich relevante Textstellen wurden mit Codes versehen.

Abb. 4: Manuelle Annotation eines Zeitungsartikels der italienischsprachigen „Alto Adige". Die begleitende Inhaltsanalyse und die diskurshistorische Argumentationsanalyse gehen dabei Hand in Hand. Für die Inhaltsanalyse wird der gesamte Artikel markiert und annotiert, bei der Argumentationsanalyse werden die einzelnen Argumente (Teile des Artikels) annotiert.

Auch was Argumentationsanalysen anbelangt, gibt es jedoch bereits Ansätze, diese zu automatisieren. Erste Versuche sind zum Beispiel bei Noah Bubenhofer[35] zu finden.

---

35 Vgl. Noah Bubenhofer, Korpuslinguistische Analyse von Argumentationsmustern, URL: https://www.bubenhofer.com/korpuslinguistik/kurs/index.php?id=anwendungenIargumentation.html (abgerufen 18.9.2019).

## 4.5 Fünfter Schritt: Computergestützte Auswertung und Strukturierung der Codes

Für das weitere Vorgehen sind wiederum computergestützte Verfahren notwendig. Denn die manuell gesetzten Codes müssen nun strukturiert, organisiert und für die anschließende Interpretation zugänglich gemacht werden. Das Query Tool des Analyseprogramms Atlas.ti enthält Funktionen, die Codes miteinander verknüpfen, sie aber auch gegenseitig ausschließen können. Abbildung 5 zeigt zum Beispiel ein Netzwerk von Textstellen, die dem Argumentationsmuster der Notwendigkeit (Notwendigkeits-Topos) zugeordnet wurden, zum Subkorpus „Moscheebau" gehören („Moschee COOCCUR Notwendigkeits-Topos") und Teil von Zeitungsartikeln sind, die der Form nach ein Leserbrief oder ein journalistischer Beitrag sind. Derartige Visualisierungen helfen, den Überblick zu behalten. Ebenfalls erlauben sie einen schnellen Rückgriff auf den Originaltext, um die Textstellen im Kontext analysieren zu können.

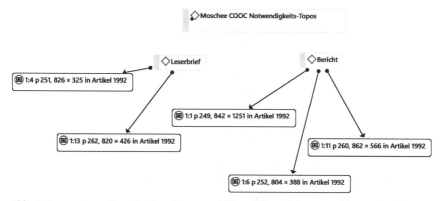

Abb. 5: Computergestützte Strukturierung und Visualisierung der annotierten Textstellen im Atlas.ti-Programm: Moschee COOCCUR Notwendigkeits-Topos sowie die journalistischen Formen „Leserbrief" und „Bericht" (Ausschnitt)

## 4.6 Sechster Schritt: Quellenkritische Betrachtung der Textstellen

Spätestens mit dem sechsten Schritt ist das hermeneutische Sinnverstehen und das genaue Lesen von WissenschaftlerInnen unentbehrlich. Der Technik sind hier eindeutig Grenzen gesetzt. Nun werden die einzelnen Textausschnitte (also die annotierten Textstellen) quellenkritisch betrachtet, interpretiert und – was für Diskursanalysen essentiell ist – in den diskursiven, kulturellen, historischen und politischen Kontext eingeordnet. Dabei werden die einzelnen Textstellen nie isoliert vom Gesamttext betrachtet. Die Visualisierungen in Atlas.ti ermöglichen einen schnellen Rückgriff auf die Originaltexte, in dem ein Klick auf die visualisierten Textstellen (Abb. 5) zum vollständigen Artikel führt. Für den kulturellen, historischen und politischen Kontext werden weitere Quellen und Sekundärliteratur herangezogen. Denn die Bedeutung der Sprache entsteht nicht durch den Gebrauch, sondern erst in Verbindung mit dem relevanten Kontext.

### 4.7     Siebter Schritt: Synthese

Der letzte Schritt umfasst das Verschriftlichen, sprich die Zusammenführung der einzelnen Erkenntnisse zu einem stimmigen und stringenten Text. Auch in diesem letzten Schritt erscheint es sinnvoll, die durch die maschinellen Analysen erhaltenen quantitativen Daten mit den Ergebnissen der qualitativen Auswertung zu verknüpfen. Das bedeutet, dass Visualisierungen der quantitativen Ergebnisse mit den Interpretationen in Beziehung gesetzt werden. Auch hier kommt es zu einem ständigen Wechsel zwischen den Ergebnissen, die durch das Lesen „aus der Ferne" sowie durch das genaue Lesen gewonnen werden. Das bedeutet, beim Verschriftlichen der Forschungsergebnisse macht eine Kombination von Mikro- und Makroanalyse ebenfalls Sinn und vergrößert zudem die Repräsentativität der Analyse.

## V.     Ein Beispiel aus der Forschung: Der Moscheebaudiskurs in den Tageszeitungen „Dolomiten" und „Alto Adige" (1990 bis 2014) und die Argumentationsmuster „MigrantInnen haben ein Recht auf einen Ort des Gebetes" und „Vorwurf der fehlenden Gegenseitigkeit"

Für die Auswertung des Moscheebaudiskurses wurden alle Berichterstattungen und Leserbriefe der Südtiroler Tageszeitungen „Dolomiten" und „Alto Adige" von 1990 bis 2014 untersucht, die um das Thema „Moschee bzw. Moscheebau" kreisen. Es handelt sich dabei um insgesamt 127 Artikel der „Alto Adige" und 148 Artikel der „Dolomiten".

Abbildung 6 gibt die absolute Häufigkeitsentwicklung des Argumentationsmusters zwischen 1990 und 2014 wieder, wobei deutliche Unterschiede in beiden Tageszeitungen erkennbar sind:

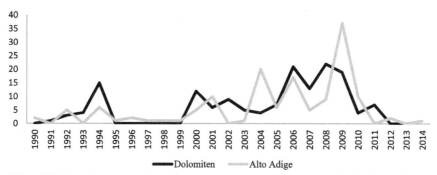

Abb. 6: Diachrone Frequenzanalyse aller ausgewerteten Artikel zum Moscheebaudiskurs beider Tageszeitungen von 1990 bis 2014

Die „Dolomiten" berichtete wesentlich häufiger über ein Ereignis im Jahr 1994, als in Südtirol MigrantInnen für die Errichtung eines Gebetsraumes auf die Straße gingen. Dasselbe gilt für den Konflikt 2000, als sich die Freiheitliche Partei Südtirol gegen eine öffentliche Finanzierung von „Moscheen" aussprach. Der Auseinandersetzung 2004, als ein Mitglied des Ausländerbeirats die Errichtung eines Gebetsraums versprach, wurde wiederum in der „Alto Adige" mehr Platz gewidmet. Der Konflikt 2008 sorgte hingegen in der „Dolomiten" für mehr Aufmerksamkeit. Dafür erreichte die Anzahl veröffentlichter Artikel zum Thema „Moscheebau" in der „Alto Adige" 2009 einen Höhepunkt. Hintergründe in beiden Jahren waren die Errichtung erster Gebetsräume sowie die Panikmache der rechtspopulistischen Freiheitlichen Partei und heftige Proteste der Rechtspartei Lega Nord im Rahmen der Wahlen 2008 und 2009.

Auffallend ist zudem, dass in der „Dolomiten" das Thema „Moscheebau" überwiegend von LeserbriefschreiberInnen aufgegriffen wurde. In der „Alto Adige" hingegen dominierten Berichte mit ausführlichen Hintergrundinformationen den Moscheebaudiskurs, wie in Abbildung 7 ersichtlich ist:

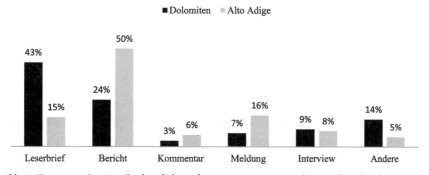

Abb. 7: Textsorten im Moscheebaudiskurs der Tageszeitungen „Dolomiten" und „Alto Adige"

Während in der „Dolomiten" also die Leserschaft den Diskurs bestimmte, berichtete die „Alto Adige" umfangreich über das Thema „Moscheebau". Unterschiede zwischen den beiden Tageszeitungen zeigten sich auch dann, wenn MigrantInnen selbst das Wort überlassen wurde:

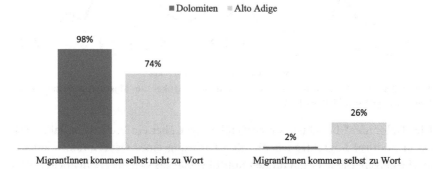

Abb. 8: MigrantInnen als AkteurInnen im Moscheebaudiskurs der Tageszeitungen „Dolomiten" und „Alto Adige"

Wie Abbildung 8 verdeutlicht, kamen in der „Alto Adige" muslimische Zugewanderte in 26 Prozent der Artikel selbst zu Wort, in der „Dolomiten" waren diese lediglich in zwei Prozent der Artikel als AkteurInnen präsent. Dies ist ein enormer Unterschied, der sich – wie sich im nachfolgenden diskurshistorischen Vergleich zeigen wird – auch auf die mediale Debatte auswirkte.

Nachfolgende Kreisdiagramme (Abb. 9) zeigen die im *Moscheebaudiskurs* vorkommenden Argumentationsmuster. Für den Vergleich werden neun Muster gegenübergestellt, die in kurzen Stichworten formuliert wie folgt lauten:
– Moschee als Gefahr
– MigrantInnen haben ein Recht auf einen Gebetsort
– Vorwurf der Gegenseitigkeit
– Moschee als Notwendigkeit
– Wir dürfen keine Vorurteile haben
– Moschee als politischer Ort
– Moscheen zerstören die (Kultur-)Landschaft
– ChristInnen müssen Selbstbewusstsein haben
– Vorwurf des Populismus

Aus Gründen der Überschaubarkeit wurde der Begriff „Moschee" als übergeordnet für alle Formen (repräsentative Moschee, islamisches Zentrum, Gebetsraum) verwendet.

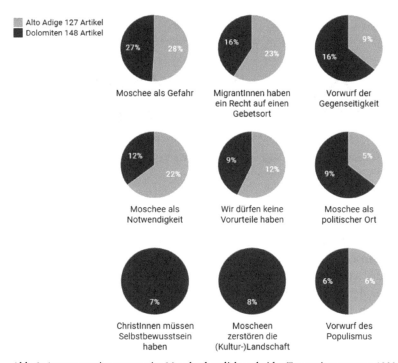

Abb. 9: Argumentationsmuster im Moscheebaudiskurs beider Tageszeitungen von 1990 bis 2014

## 5.1 Das Argumentationsmuster „MigrantInnen haben ein Recht auf einen Ort des Gebetes"

Mithilfe des Argumentationsmusters *MigrantInnen haben ein Recht auf einen Ort des Gebets* wird gefordert, dass MigrantInnen islamischen Glaubens aufgrund codifizierten Rechts ihre Religion frei ausüben können. Weil dieses Recht in der Verfassung verankert ist, sind Entscheidungen wie die der Bereitstellung eines Gebetsraumes zu akzeptieren.[36] Das Argumentationsmuster ist in 16 Prozent der „Dolomiten"-Artikel und in 23 Prozent der „Alto Adige"-Artikel vertreten und bildet nach *Moschee als Gefahr* das am zweithäufigsten gebrauchte Argumentationsmuster, wenn es auch in der „Alto Adige" deutlich häufiger vorkommt. Folgende Grafik zeigt, dass das Muster zunächst lediglich in der „Dolomiten" verwendet wurde, 2006 und 2009 dominierte es jedoch eindeutig in der „Alto Adige":

---

36 Vgl. Martin Wengeler, Topos und Diskurs: Begründung einer argumentationsanalytischen Methode und ihre Anwendung auf den Migrationsdiskurs (1960–1985), Tübingen 2003, 317.

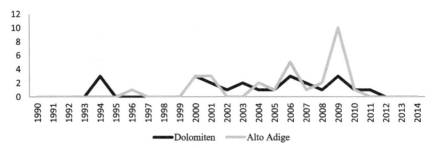

Abb. 10: Argumentationsmuster „MigrantInnen haben ein Recht auf einen Ort des Gebetes" in den Tageszeitungen „Dolomiten" und „Alto Adige"

In den Argumenten wurde überwiegend an das in der Verfassung verankerte Recht auf Religionsfreiheit Bezug genommen, dessen Missachtung mit der Verletzung der Demokratie gleichzusetzen sei. Auch wenn die Religionsfreiheit selbst von Moschee/Gebetsraum-GegnerInnen nicht in Frage gestellt wurde, kam diese Art der Argumentation besonders bei BefürworterInnen vor. Diese kamen vielfach aus den Reihen der Bevölkerung (besonders in der „Dolomiten") und sprachen sich für eine Welt der Toleranz und Gleichberechtigung aus. Auch betrachteten sie das Schaffen von Strukturen für die Gläubigen als Integrationsbeitrag, wie in einem Leserbrief der „Dolomiten" aus dem Jahr 2000 hervorgehoben wurde:

> „In Südtirol wird Stimmung gemacht gegen ein moslemisches Gebetshaus. Moslemischen Zuwanderern wird das Recht abgesprochen, ein auch symbolisch erkennbares Gotteshaus zu haben. [...] Integration bedeutet, ausländische Mitbürger in ihren Grundrechten ernst zu nehmen, einschließlich des Rechts auf Religionsausübung."[37]

Des Weiteren war es die Institution Kirche, die einen wichtigen Beitrag zur Befürwortung von Gebetsräumen leistete, indem sie sich für Gleichberechtigung aussprach. In der „Alto Adige" hieß es 2000: „Die Christen bekennen sich zur Religionsfreiheit. Folgerichtig können auch Vertreter anderer Religionen ihre Orte des Zusammentreffens und der öffentlichen Religionsausübung haben."[38] Zuletzt sprach sich auch die SVP in der „Dolomiten" für die Bereitstellung eines Gebetsortes aus, in besonderer Berufung auf die Menschenrechte und die Gleichheit der Religionen: „„Was wir den Leuten aber nicht absprechen können, ist ein Gebetsraum. Die Menschenrechte sehen vor, dass jeder das Recht auf freie Religionsausübung hat', sagt SVP-Sprecher Oswald Ellecosta. Sofern sich der Gebetsraum in sein Umfeld einfügt, werde die SVP kein Veto dagegen einlegen."[39]

---

37  Leserbrief, Dolomiten, 14. 11. 2000.
38  Compagni di viaggio senza rinunciare ai simboli, Alto Adige, 23. 11. 2000 (Übersetzung der Verfasserin).
39  SVP nur für Gebetsraum, Dolomiten, 22. 9. 2007.

## 5.2    Das Argumentationsmuster „Vorwurf der fehlenden Gegenseitigkeit"

Bei dem Argumentationsmuster *Vorwurf der fehlenden Gegenseitigkeit* bezogen sich SprecherInnen auf die ungerechte Behandlung von ChristInnen in muslimischen Ländern. Weil diese in muslimisch geprägten Ländern ihre Religion nicht frei ausüben könnten, sollte dies den MuslimInnen in christlichen Ländern ebenfalls untersagt bleiben. In einem Leserbrief aus dem Jahr 2006 hieß es zum Beispiel: „Die Muslime können aufgrund unserer Toleranz bei uns Moscheen bauen. Wenn Christen in muslimischen Ländern ihren Glauben bekennen oder gar missionieren, müssen sie mit Kerkerhaft oder sogar mit Todesstrafe rechnen."[40]

Dieser Argumentation lag die Annahme zugrunde, dass Gleiches nur mit Gleichem vergolten werden könne und Toleranz gegenüber einer anderen Religion nur dann gerechtfertigt sei, wenn diese auch tolerant gegenüber der eigenen sei. Während das Argumentationsmuster in der „Dolomiten" zu den am häufigsten genutzten gehörte, nahm es in der „Alto Adige" eine nebensächlichere Rolle ein. Das Gleichheitsgefühl bzw. der Wunsch nach Ausgeglichenheit war somit auf deutscher Seite deutlich ausgeprägter als auf italienischer:

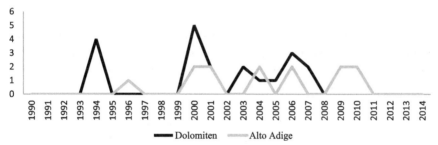

Abb. 11: Argumentationsmuster „Vorwurf der fehlenden Gegenseitigkeit" in den Tageszeitungen „Dolomiten" und „Alto Adige"

Im Moscheebaukonflikt fand das Muster *Vorwurf der fehlenden Gegenseitigkeit* (Abb. 11) durch ein breites Echo bei LeserbriefschreiberInnen eine erste Stelle in der Rangliste. Auch wenn die Freiheitliche Partei in Landtagssitzungen sehr wohl von einer fehlenden Gegenseitigkeit sprach,[41] kam dieses Argument in den Tageszeitungen nicht in Aussagen von PolitikerInnen vor. Umso häufiger bildete das Argumentationsmuster jedoch die Basis von Leserbriefen, wie auch der folgende Brief aus der „Alto Adige" zeigt:

---

40  Gegenseitige Vergebung, Dolomiten, 26. 6. 2006.
41  Südtiroler Landtag, Wortprotokoll der 35. Sitzung vom 1. 12. 2009, URL: http://www2.landtag bz.org/de/datenbanken/akte/definition*suche*akt.asp (abgerufen 3. 9. 2019).

„Ihr wollt eine Wohnung, habt eine Menge an Vergünstigungen, die nicht einmal ein
gebürtiger Bozner bekommt, ihr wollt eine Moschee, wollt eine Koranschule, schlachtet
die Tiere auf eine abscheuliche Art und Weise und wollt die Entwicklung eurer Frauen
verhindern. Und ihr habt keinen Respekt vor der hier vorherrschenden Religion? Respekt vor der italienischen Kultur und vor dem italienischen Gesetz? Jedoch ich, wenn
ich in eines deiner Dörfer komme, muss ich mich an eure Gesetze und Bräuche halten?"[42]

Die Rechte und Freiheiten, die Menschen muslimischen Glaubens in Südtirol
zugutekamen, sollten demnach auch ChristInnen in muslimischen Ländern
nicht verwehrt bleiben. Die Toleranz gegenüber MuslimInnen bei gleichzeitiger
Intoleranz gegenüber ChristInnen wurde als eine Provokation empfunden –
besonders in Leserbriefen der „Dolomiten": „Sobald die Christen in islamischen
Ländern dieselbe Religionsfreiheit genießen können wie Moslems hier bei uns,
dann könnte man weiterdiskutieren. Vorher sollte der Bau eines Gebetshauses
kein Thema sein."[43]

Anders reagierte jedoch die Kirche in Südtirol. Mario Gretter, Priester in
Brixen, antwortete in einem Interview der „Dolomiten" auf die Frage: „Im
‚Rechtsstaat' Saudi-Arabien gibt es dagegen Gefängnis für Leute, die mit einem
Kreuz erwischt werden. Müsste Europa nicht mit gleicher Münze zurückzah-
len?"[44], wie folgt: „Wenn ein Mensch jede Regel des Zusammenlebens missachtet,
dürfen wir uns dann in der Reaktion auf das selbe Niveau hinunterziehen lassen?
Nein! Wir müssen die Verletzung von Menschenrechten überall auf der Welt
mutig anprangern. Aber wir müssen uns gleichzeitig anstrengen, diese Rechte bei
uns selbst einzuhalten."[45]

Auch der Bozner Bischof Wilhelm Egger sprach sich in der „Alto Adige" gegen
eine Vergeltung an MuslimInnen in Europa aus, auch wenn er die Reaktion vieler
Menschen verstehen könne: „Zu Recht wird daran erinnert, dass in manchen
islamischen Orten das Christentum unterdrückt wird […]. Das kann jedoch für
die Christen kein gültiges Motiv sein, um sich gleich zu benehmen."[46]

Zudem wurde mit dem Argumentationsmuster nicht zu mehr Toleranz gegenüber ChristInnen in arabischen Ländern, sondern zu einer geringeren Toleranz gegenüber MuslimInnen in christlich geprägten Ländern aufgerufen. Mit
dem Argument der Gegenseitigkeit wurde deshalb gegen die Errichtung einer
Moschee bzw. eines Gebetshauses plädiert.

---

42 Musulmani, adesso state esagerando, Alto Adige, 19.11.2004 (Übersetzung der Verfasserin).
43 Minarett-Verbot, Dolomiten, 10.12.2009.
44 ISLAM / Christentum / Konflikt, Dolomiten, 12.11.2003.
45 Ebd.
46 Compagni di viaggio senza rinunciare ai simboli, Alto Adige, 23.11.2000 (Übersetzung der
   Verfasserin).

## VI.   Fazit

Die Kombination von klassischen mit computergestützten Methoden hat sich für das Forschungsprojekt zur Wahrnehmung von Migration als äußert gewinnbringend erwiesen. Denn ohne technische Stütze wäre das Projekt in keinem angemessenen Rahmen durchführbar gewesen und die reine Anwendung von computergeleiteten Anwendungen hätte die gestellten Fragestellungen nicht ausreichend beantworten können. Die Erwartung, durch Digital Humanities-Methoden große Mengen an Daten schnell auswerten zu können und anschließend publikationsfertige Ergebnisse vorliegen zu haben, ist hingegen nicht nur zu optimistisch, sondern schlicht und einfach nicht realistisch, denn auch qualitative Ergebnisse, die sich mit Text Mining-Methoden gut bewerkstelligen lassen, liegen stets als „Rohdaten" und nie als analysierte Einheiten vor.[47]

Die in diesem Artikel vorgestellten sieben Schritte sollen einen möglichen Leitfaden bieten, wie Zeitungskorpora mit dem Resultat tragfähiger Analyseergebnisse ausgewertet werden können. Die einzelnen Schritte sollten jedoch keinesfalls als starr nebeneinanderstehend begriffen werden, sondern jeder einzelne Schritt führt zu neuen Erkenntnisse bzw. korrigiert bereits gewonnene Erkenntnisse. Jeder einzelne Schritt führt auch zu neuen Hinweisen, die wiederum erneut einer Überprüfung bedürfen, wodurch immer wieder Schritte wiederholt werden müssen. Auch sollten die einzelnen Schritte in einem permanenten Austausch zueinander stehen.

Im Idealfall kommt es bei Forschungsprojekten, die mit einer großen Anzahl an auszuwertenden Daten arbeiten, zu einem interdisziplinären Austausch, bei dem WissenschaftlerInnen aus unterschiedlichen Disziplinen gemäß ihrer Kompetenz zusammenarbeiten. Selbstverständlich ist auch die Ausbildung von ForscherInnen und die Erwerbung von Kompetenzen aus dem Bereich des Digital Humanities ein wichtiger Schritt, um das Methodenrepertoire zu erweitern, auszureifen und vor allem für breitere Nutzerschichten verständlich zu machen. Hierbei spielen neben den unterschiedlichen Dimensionen der digitalen Quellenkritik auch die kritische Auseinandersetzung mit digitalen Daten und Tools eine wesentliche Rolle.

---

47 Vgl. Fraas/Pentzold, Big Data vs. Slow Understanding?, 130.

Eva Pfanzelter

# Das Erzählen von Geschichte(n) mit Daten aus der Wayback Machine am Beispiel von Holocaust-Websites

## I. Einleitung

Die Geschichte des Holocaust bzw. die Erinnerungsforschung und digitale Datenverarbeitungsmethoden haben eine lange gemeinsame Vergangenheit: Die seit den 1970ern erfolgten, technologiegestützten Aufnahmen und Speicherungen von Oral Histories mit Opfern des Holocaust leisteten einen erheblichen Beitrag zum paradigmatischen Wandel in den Geschichtswissenschaften. Damals eingerichtete Datenbanken erleichtern und bereichern seitdem wegen ihres stetig wachsenden Umfangs unser Verständnis der NS-Verbrechen. Sie ermöglichen das Suchen und Zusammenführen unterschiedlichster Bestände und führen zu ganz neuen Zugängen für die Erforschung von Opfer-, aber auch Tätergeschichte(n). Schließlich haben große (Online-)Bild- und Video-Sammlungen dazu beigetragen, den Holocaust-Diskurs in den letzten dreißig bis vierzig Jahren an die Spitze des „Memory Booms" zu stellen bzw. sind sie zur Hauptstütze dafür geworden, wie der bekannteste Genozid der modernen Geschichte dokumentiert, untersucht und erinnert wird.[1] Neuerdings gestalten Online-Visualisierungsmittel und der „Spatial Turn", in dem etwa auch die sogenannten „Geographies of the Holocaust"[2] zu verorten sind, das Verständnis über die komplexen Verbindungen von Zeit und Raum in diesem an sich schon vielschichtigen Thema. Digitale Zugänge, Analysen und Visualisierungen sind deswegen auch zu einem integralen Bestandteil der Holocaust Education geworden.[3] Digitale Publikationen wiederum haben dazu beigetragen, Informationen schneller und leichter zu verbreiten und Wissen über nationale und sprachliche Grenzen hinweg zu

---

1 Vgl. Joanne Garde-Hansen/Andrew Hoskins u. a., Introduction, in: Joanne Garde-Hansen/Andrew Hoskins u. a. (Hg.), Save as- digital memories, Basingstoke/New York, NY 2009, 1–21, 3.

2 Vgl. Anne K. Knowles/Tim Cole u. a. (Hg.), Geographies of the Holocaust, Bloomington/Indianapolis 2014.

3 Um nur ein rezentes Beispiel zu nennen: Wendy Lower/Lauren Faulkner Rossi (Hg.), Lessons and legacies XII. New directions in Holocaust research and education, Evanston (IL) 2017.

streuen.[4] Vernetzung, zuletzt häufig mit dem Begriff *connectedness* beschrieben, hat nationale, transnationale und internationale Zusammenarbeiten forciert, wobei gleichzeitig – innerhalb anerkannter und akzeptierter Grenzen – nationale und lokale Re-Interpretationen stattfanden und -finden, die wiederum für eine global akzeptierte Holocaust Education einstehen.[5]

Die „Allgegenwart" der zunehmend digitalen Medien ist daher auch in Holocaust-Diskursen zu spüren, ebenso die steigende Fähigkeit der Menschen, diese Medien zu nutzen, zu produzieren und individuell zu kontextualisieren. In dieser Zeit veränderten sich die UserInnen von *Consumers* von Medieninhalten zu *Prosumers*,[6] einem Begriff der aus den englischen Wörtern *producer* und *consumer* zusammengesetzt ist und einen weitgehend veränderten Umgang mit Informations- und Kommunikationstechnologien bezeichnet.

Diese Veränderungen in der Nutzung von Technologie sind besonders auch im Hinblick darauf relevant, als die Erinnerungen von Gesellschaften von den ihnen zur Verfügung stehenden Kommunikationsmedien abhängen, da eben diese die Ausprägungen, die Reichweite und die Interpretation derselben bestimmen. Die Verwebung von gesellschaftlichen, kulturellen und technologischen Fortschritten geschieht mit historischen Inhalten ebenso und hat demnach nachhaltige Auswirkungen auf Geschichts- und Erinnerungsdiskurse: Das Internet bietet zahllose Möglichkeiten Geschichte zu konstruieren, re-kontextualisieren, visualisieren, individuell zu erzählen und Erinnerung zu zelebrieren.

All diese gesamtgesellschaftlichen Umwälzungen sind für die historische Zunft eine Herausforderung: Wie gehen historisch Forschende bei Untersuchungen von historischen Themen im Internet vor? Wie können sie Themen identifizieren, wie bzw. welche Diskurse erwarten? Wie kommen sie zu einem Sample zu untersuchender Archive, Websites und multimedialer Inhalte?

Der vorliegende Beitrag thematisiert anhand des Holocaust einen möglichen methodischen Zugang zu den komplexen Herausforderungen, die sich durch die Dynamik und Fluidität des Internets ergeben. In der leitenden Fragestellung für die Untersuchung soll es darum gehen, wie Veränderungen im Schreiben, in der

---

4  Vgl. Anna Reading, Digital interactivity in public memory institutions: the uses of new technologies in Holocaust museums, in: Media Culture Society 25 (2003) 1, 67–85, 75–77, DOI: 10.1177/016344370302500105. Der Begriff Holocaust Education umfasst alle Formen der Vermittlung: für Schulen, Universitäten, Lehrkräfte, Erwachsenenbildung und eine breite undefinierte Öffentlichkeit sowie die Gedenkstättenpädagogik.

5  Siehe ausführlicher dazu: Eva Pfanzelter, Selfies, Likes & Co.: Multimediale Inszenierungen des Holocaust in Deutsch- und englischsprachigen sozialen Netzwerken, in: zeitgeschichte 43 (2016) 4, 213–232; Eva Pfanzelter, Inszenierung – Vernetzung – Performanz: Holocaust-Repräsentationen im Netz, in: Iris Roebling-Grau/Dirk Rupnow (Hg.), „Holocaust"-Fiktion. Kunst jenseits der Authentizität, Paderborn 2015, 63–83.

6  Details dazu bei Joanne Garde-Hansen, Media and memory (Media topics), Edinburgh 2011, 41–45.

Darstellung und im „Sprechen" über den Holocaust im Internet – und hier besonders auf den Websites der „globalen Player" in dem Gebiet – in den letzten zwei Jahrzehnten erfasst und nachgezeichnet werden können; denn das Internet stellt für die Verhandlungen des Holocaust das dar, was Marianne Hirsch 2012 zu Recht als „postmemory's archival turn"[7] bezeichnete. Die Verhandlungen des Holocaust in einem als weltumspannenden Archiv begriffenen Internet abzubilden und zu analysieren ist aufwendig, erfordert technologiegestützte Zugänge und strukturiertes sowie erklärendes Vorgehen, wie der vorliegende Beitrag zeigt. Letztlich eröffnen diese Arbeitsweisen aber Möglichkeiten der Erforschung historischer Themen im Netz, die für die Geschichtswissenschaften ganz neue Untersuchungsfelder, Fragestellungen und Herangehensweisen eröffnen.

## II.    Methodische Vorgehensweise

Bei Untersuchungen von historischen Themen im Internet reicht eine Analyse von textlichen Inhalten oder etwa einzelnen Ereignissen nicht aus. Die Geschichtswissenschaften lehnen sich deswegen schon seit einigen Jahrzehnten bei der Untersuchung von Vorgängen in der Gesellschaft bzw. solchen in Medien an Forschungsmethoden aus den Sozial- bzw. Kulturwissenschaften an, die ihrerseits wieder Adaptionen aus den Naturwissenschaften sein können.[8] Die zunehmende Akzeptanz von Studien, die mit einem Methodenmix arbeiten, begründet sich darin, dass sich das Verhältnis von quantitativen und qualitativen Methoden[9] – und wie hier digitalen und hermeneutischen Methoden – grundlegend verändert bzw. die Trennung in der bisherigen Schärfe nicht bestehen bleiben kann.

In der vorliegenden Analyse werden Vorgänge im Internet untersucht und zwar konkret die Verhandlungen des Holocaust im Netz. Das Methodenrepertoire wurde an das vorhandene Korpus angepasst.[10] Es bietet zum Teil automatisierte inhaltliche Analyseverfahren an und ist im Bereich der sogenannten Online-Forschung bzw. Internet-Forschung (*Online Research* oder *Internet Research* und *Web-based Methods* sowie *Web Science* und *Digital Methods*) zu

---

7  Marianne Hirsch, The Generation of postmemory. Writing and visual culture after the Holocaust, New York 2012, 242.

8  Vgl. Udo Kelle, Mixed Methods, in: Nina Baur/Jörg Blasius (Hg.), Handbuch Methoden der empirischen Sozialforschung, Wiesbaden 2014, 151–166, 151–152.

9  Vgl. Claire Hewson/Dianna Laurent, Research Design and Tools for Internet Research, in: Nigel Fielding/Raymond M. Lee u. a. (Hg.), The SAGE handbook of online research methods, Los Angeles/London 2008, 58–78, 59.

10  Vgl. Dörte Hein, Erinnerungskulturen online. Angebote, Kommunikatoren und Nutzer von Websites zu Nationalsozialismus und Holocaust, Konstanz 2009.

finden. Diese Methoden umfassen ein breites Spektrum von traditionellen sozialwissenschaftlichen Methoden, die für Internet-Untersuchungen adaptiert oder umgeschrieben wurden und schließen quantitative und qualitative Untersuchungsverfahren ein.[11] Festgehalten werden muss, dass das methodische Forschungsfeld weiterhin stark in Bewegung bleibt, nicht nur wegen laufend neuer technischer Entwicklungen des Internets und der Kommunikationsmittel, sondern auch weil die Masse der Daten sich beinahe täglich potenziert und gleichzeitig der Methodenkanon wegen der wachsenden Bedeutung Sozialer Netzwerke kontinuierlich angepasst wird.[12]

Anders als in den Naturwissenschaften geht es in den Sozial- und Geisteswissenschaften jedoch häufig nicht darum, das Internet aus Performanz- und Optimierungsgründen zu untersuchen, sondern um Einschätzungen und Beobachtungen der gesellschaftlichen Relevanz der vorhandenen bzw. sich wandelnden Diskurse. Für derzeitige Analysen bedeutet das eine Festlegung auf bestimmte Vorgehensweisen, wie sie bei Online-Untersuchungen in den Geschichtswissenschaften angewandt werden.[13] Denn auch in diesen Disziplinen ist aus dem Exotischen – dem Internet – im Arbeitsalltag überwiegend Normalität geworden.[14] Die Anzahl der Projekte, welche das Internet als Untersuchungsgegenstand einbeziehen, ist dennoch überschaubar. Eine Ausnahme bilden die Themen Erinnerung und Holocaust, die beide aufgrund der medialen Herausforderungen der digitalen Darstellung und Verhandlung mit den damit zusammenhängenden Fragen nach Angemessenheit, Authentizität und politischer Korrektheit schon seit spätestens Mitte der 2000er-Jahre eine etwas breitere Rezeption erfahren.

Die vorliegende Untersuchung stellt im Sinne der primären Internet-Forschung die Sammlung neuartiger, originärer Daten aus dem Netz, durch deren Analyse neue Forschungsergebnisse auf spezifische – oft ebenfalls neue – Fragestellungen gefunden werden sollen, in den Fokus.[15] Grundsätzlich gilt festzustellen, dass bei Beobachtungen von Vorgängen im Internet methodische Kompromisslösungen nach wie vor Standard sind. Im vorliegenden Fall fiel die

---

11 Vgl. Martin Welker/Monika Taddicken u. a., Vorwort, in: Martin Welker (Hg.), Handbuch Online-Forschung. Sozialwissenschaftliche Datengewinnung und -auswertung in digitalen Netzen (Neue Schriften zur Online-Forschung 12), Köln 2014, 9–12; siehe auch Martin Welker/Carsten Wünsch, Methoden der Online-Forschung, in: Wolfgang Schweiger/Klaus Beck (Hg.), Handbuch Online-Kommunikation, Wiesbaden 2010, 487–517.
12 Vgl. Martin Welker, Normalisierung und Ausdifferenzierung von Online-Forschung – eine Einführung, in: Welker (Hg.), Handbuch Online-Forschung, 14–41, 15.
13 Siehe dazu auch Peter Haber, Digital past. Geschichtswissenschaft im digitalen Zeitalter, München 2011.
14 Vgl. Welker, Normalisierung und Ausdifferenzierung, 16.
15 Vgl. Hewson/Laurent, Research Design and Tools for Internet Research, 58–70; Welker/Wünsch, Methoden der Online-Forschung, 488.

Wahl auf eine Online-Inhaltsanalyse und zwar unter Berücksichtigung multimedialer (z. B. Bilder, Videos, Audios etc.), multimodaler (z. B. visuelle, auditive,
raumunabhängige oder auch visuelle und textliche Formen der Kommunikation) und historischer Komponenten, die auch diskursive Elemente reflektiert.
Jenseits der unmittelbaren Aussagen berücksichtigt die Online-Inhaltsanalyse
ebenso wie die Diskursanalyse damit die Produzenten, die Rezipienten sowie
historische, kommunikative, soziale und politische Kontexte.[16] Bei dieser Herangehensweise geht es im Grunde immer um eine Verdichtung des überbordenden Quellmaterials aus dem Internet nach standardisierten Verfahren. Mittels dieser soll soziale Wirklichkeit, also auch unter Einbeziehung latenter
Kontexte, erfasst werden. Da es sich oft um Wahrnehmung handelt, bleiben die
Ergebnisse dem Vorwurf ausgesetzt, nie gänzlich objektivierbar zu sein. Dies
kann auch durch akribische Kontextrecherche und komparative Perspektiven –
hier durch Literatur und die Rezeption anderer Medien – nicht gänzlich ent-
kräftet werden.

Probleme, die nach wie vor bei der Analyse von Inhalten auftreten, finden sich
z. B. im visuellen Bereich. Im Internet fällt zudem die Dominanz formaler
Merkmale gegenüber den inhaltlichen besonders auf. Die Definition der Un-
tersuchungseinheiten ist gerade deswegen von zentraler Bedeutung. Grundsätzlich begleiten folgende definitorischen Schritte die methodische Vorgehensweise:

1. Die *Analyse-Einheit* (Korpusbildung), also jene Einheit des Medienaus-
   schnittes, auf die die Untersuchung angewendet wird.
2. Die *Zugänglichkeit des Materials* (Archivierung).
3. Die *Analyse des Inhalts.*

Inhaltsanalysen gehen ebenso wie Diskursanalysen von der Grundannahme aus,
dass das vorliegende Untersuchungsmaterial – in der Regel Text – der Schlüssel
zum Verständnis von Vorgängen in der Gesellschaft sei. Wurden bis in die
1990er-Jahre Aussagen als sprachliche bzw. textliche Muster verstanden, so wird
schon seit einiger Zeit den zunehmenden visuellen, audiovisuellen und multimedialen Ausdrucksformen Rechnung getragen und die Methodik zunehmend
auf die Analyse von Bildern, Ton, Videos und anderes erweitert, weil diese ebenso
konstitutive Bestandteile von Diskursen sein können. Besonders Analysen von
Bilddiskursen und auch der Kommunikationsmodi werfen dabei neue Fragen

---

16 Vgl. Patrick Rössler/Lena Hautzer u. a., Online-Inhaltsanalyse, in: Welker (Hg.), Handbuch
   Online-Forschung, 214–232, 215–217.

nach „der performativen Umgestaltung von Wissensordnungen in der (Gegen-
warts-)Gesellschaft"[17] auf.

Bei Untersuchungen im Internet ist es jedenfalls nicht der Text alleine, der den
Inhalt ausmacht. Bilder, Illustrationen, Informationsgraphiken, nicht-textliche
bzw. graphische Gestaltungselemente, Werbebanner und besonders auch Kom-
munikationskanäle und -angebote spielen eine Rolle bei der Produktion und
daher ebenso bei der Interpretation des Online-Inhalts. Es handelt sich also um
digitale multimediale und auch um multimodale Artefakte, die die Modi der
Kommunikation in die Interpretation miteinbeziehen, weil Inhalt und Bedeutung jenseits des Textes zu finden sind.

Zur Untersuchung der Vorgänge auch in solch komplexen Artefakten eignet
sich die auf den französischen Poststrukturalisten Michel Foucault zurückge-
hende und durch zahlreiche andere AutorInnen, wie Jürgen Habermas, Chantal
Mouffe und Niklas Luhmann diskutierte Diskursanalyse.[18] Hervorzuheben ist
daneben die „kritische Diskursanalyse", wie sie beispielsweise im Wiener Ansatz,
vertreten durch Ruth Wodak, Anwendung findet, die ebenfalls Anregung war.[19]
Die theoretische Basis für die multimodale Herangehensweise stammt außerdem
zum einen von Anders Björkvalls Beitrag „Multimodal Discourse Analysis"[20] und
zum anderen basieren sie auf Günther Kress und Theo van Leeuwens Buch
„Reading Images: The Grammar of Visual Design"[21] aus dem Jahr 2006, das noch
immer zu den Standardwerken zählt und dem 2009 erschienenen „Multimodality: Exploring Contemporary Methods of Communication"[22], wo Kress diese
Themen bis hin zu mobilen Geräten diskutiert. Im selben Jahr unterstrichen auch
Ruth Wodak und Michael Meyer die Bedeutung der multimodalen Perspektive,

---

17  Boris Traue/Lisa Pfahl u.a., Diskursanalyse, in: Nina Baur/Jörg Blasius (Hg.), Handbuch
    Methoden der empirischen Sozialforschung, 493–508, 497.
18  Auf die Ausführungen zu diskursanalytischen Herangehensweisen nach Michel Foucault
    wird hier verzichtet. Handreichungen finden sich jedoch zahlreiche. Dieser Untersuchung
    lagen folgende Werke dafür zugrunde: Traue/Pfahl, Diskursanalyse; Ruth Wodak/Michael
    Meyer, Critical Discourse Studies: History, Agenda, Theory and Methodology, in: Ruth
    Wodak/Michael Meyer (Hg.), Methods of critical discourse studies (Introducing Qualitative
    Methods series), Los Angeles 2016³, 2–33; siehe auch Siegfried Jäger, Kritische Diskursana-
    lyse. Eine Einführung (Edition DISS 3), Münster 2012⁶.
19  Wodak/Meyer, Critical Discourse Studies: History, Agenda, Theory and Methodology.
20  Anders Björkvall, Multimodal Discourse Analysis, in: Kristina Boréus/Göran Bergström
    (Hg.), Analyzing text and discourse. Eight approaches for the social sciences, Los Angeles/
    London/New Delhi/Singapore/Washington DC/Melbourne 2017, 174–207.
21  Gunther R. Kress/Theo van Leeuwen, Reading image. The grammar of visual design, London
    2010².
22  Gunther R. Kress, Multimodality. A social semiotic approach to contemporary communi-
    cation, London 2010.

weil Diskurse in modernen Medien-Genres in nicht-linguistischen Formen auftreten.[23]

## 2.1 Analyseeinheit bzw. Korpusbildung

Bereits zu Beginn des Forschungsprojektes hat sich gezeigt, dass die Erfassung aller Vorgänge zum Thema Holocaust im Internet schlichtweg unmöglich ist. Zwar gibt es computergestützte Methoden der Online-Forschung, die die Analyse von Themen, die mit der Verhandlung des Holocaust im Internet zusammenhängen, ermöglichen, doch liegt die Herausforderung in der Auswahl adäquater Quellenkorpora. Dies wird grundsätzlich sowohl in der Inhalts- als auch für die der Diskursanalyse als erster Analyseschritt angesehen.[24] Im vorliegenden Fall war es das primäre Ziel, die Verflechtung der Themen Holocaust und Erinnerung, wie sie im Medium Internet vorkommen, historisch und gegenwartsbezogen zu analysieren.[25] Den Rahmen für die Analyse bestimmten schließlich folgende Parameter:
- Abgegrenzter Zeitraum – Mitte der 1990er-Jahre, als die ersten Screenshots von relevanten Websites entstanden, bis ca. 2018 – sowie Beschränkung auf den englisch- und deutschsprachigen Raum.[26]
- Definierter Umfang: Beschränkung auf Spezialdiskurse in der wissenschaftlichen (historischen, Erinnerungs- und Medien-)Literatur und Beschränkung auf das Spezialmedium Internet anhand eines ausgewählten Samples von Websites.[27]
- Akzeptanz der Subjektivität: Theoretische Überlegungen zu Diskursanalyse schließen jeweils eine Diskussion des Forschenden als Teil des Forschungsprozesses und damit die Subjektivität jeder diskursanalytischen Untersuchung mit ein – gerade deshalb ist die Beschreibung der Vorgehensweise von zwingender Notwendigkeit.[28]

---

23 Wodak/Meyer, Critical Discourse Studies: History, Agenda, Theory and Methodology, 15–17; siehe auch: Mary Talbot, Media discourse. Representation and interaction, Edinburgh 2007, 10; Achim Landwehr, Historische Diskursanalyse, Frankfurt 2008³.
24 Mitunter ergibt auch ein Falsifizierungsanspruch das Korpus, argumentieren Traue/Pfahl u. a., Diskursanalyse, 500.
25 Vgl. Siegfried Jäger, Bemerkungen zur Durchführung von Diskursanalysen, 25.9.2006, URL: http://www.diss-duisburg.de/Internetbibliothek/Artikel/Durchfuehrung_Diskursanalyse.htm (abgerufen 17.3.2019).
26 Vgl. Traue/Pfahl u. a., Diskursanalyse, 500.
27 Ebd., 502.
28 Vgl. Göran Bergström/Linda Ekström/Kristina Boréus, Discourse Analysis, in: Boréus/Bergström (Hg.), Analyzing text and discourse, 208–241, 210; Landwehr, Historische Diskursanalyse, 97–98.

### 2.1.1 Identifikation der zentralen Akteursnetzwerke: Erstellung des Website-Korpus

Für Untersuchungen im Internet kann die vorhandene Literatur zwar Hinweise auf zentrale Akteursnetzwerke und sogenannte „Key Player" im Internet geben, tatsächlich fundiert ist diese jedoch besonders auch wegen der schnellen Wandelbarkeit der digitalen Daten nicht. Zentraler Bestand der Untersuchung waren die Archivversionen (in Form von Screenshots) der Websites ausgewählter Gedächtnisinstitutionen und Netzwerke. Dazu zählen einerseits die Seiten von physisch realen Einrichtungen, wie z. B. Yad Vashems in Jerusalem, des US Holocaust Memorial Museum in Washington D.C., des Jüdischen Museums in Berlin und zahlreichen anderen. Daneben wurden auch die Seiten von virtuellen „Holocaust-Websites" in die Untersuchung einbezogen, die sich als Dachorganisationen ohne reale Adresse bzw. Netzcommunity etabliert hatten: die ITF – Taskforce for International Cooperation on Holocaust Education, Remembrance and Research, später International Holocaust Remembrance Alliance, die European Holocaust Research Infrastructure, das Holocaust and the United Nations Outreach Programme sowie die Netzwerke Shoa.de, The Nizkor Project sowie The Holocaust History Project und einige mehr.

Um die relevanten Inhalte und Diskurse zu finden, war es zunächst von Bedeutung, die zentralen Knotenpunkte des Themenbereichs im Internet zu identifizieren. Für die Online-Ressourcen wurde dabei die Definition, die Eva Johanna Schweitzer für „politische Websites" aus breiteren Definitionen aggregiert hat, adaptiert:[29] Auf Basis der gewählten Definition besteht die *Gattung* „Holocaust-Websites" aus zusammenhängenden HTML-Dokumenten (Dokumenten, die im Hypertext-Markup-Language-Format erstellt wurden) und damit verlinkten Dateien (auch Grafiken, Audio- und Videostreams, Bilder, PDFs etc.), die unter einer einheitlichen Web-Adresse (Uniform Resource Locator, URL) gespeichert sind und die sich inhaltlich mit dem Holocaust, der Ermordung der europäischen Jüdinnen und Juden sowie anderer Opfergruppen durch das NS-Regime und dessen Kollaborateure, beschäftigen. Diese Definition enthielte somit alle Webangebote, die dieses Thema zum Inhalt haben, sei es in aktivgestaltender als auch in passiv-beobachtender Form. Diese inhaltliche Definition der Mediengattung ist jedoch zur Bestimmung angemessener Stichproben nicht ausreichend. Als zweiter Bestimmungsparameter wurden daher „Akteursgruppen" in die Definition der zu analysierenden Websites einbezogen.[30] In Anleh-

---

29 Vgl. Eva Johanna Schweitzer, Politische Websites als Gegenstand der Online-Inhaltsanalyse, in: Martin Welker/Carsten Wünsch (Hg.), Die Online-Inhaltsanalyse. Forschungsobjekt Internet, Köln 2010, 44–102, 47–48.
30 Ebd., 48.

nung an die in Diskursanalysen vorgenommene Akteursaufstellung[31] berücksichtigt die vorliegende Untersuchung daher die Homepages von zentralen Akteursnetzwerken, einflussreichen Institutionen, bekannten Dachorganisationen und medial stark rezipierten Projekten. Konkret geht es also um Homepages von Jüdischen Museen, in denen der Holocaust am europäischen Judentum thematisiert wird, sogenannte Holocaust Museen und Memorials, einschlägigen Forschungsinstituten und -zentren, Archiven und Dokumentensammlungen bzw. deren Gateways, einschlägigen Online-Netzwerken usw.

Die Websites wurden zusätzlich nach ihrer geografischen Verortung eingegrenzt. Es wurden Websites aus dem deutsch- und englischsprachigen Raum aufgenommen, wobei aufgrund ihrer Bedeutung als „Schreine" der ethischen Erinnerung an den Holocaust und als globale Gedächtnisorte[32], wie Amos Goldberg sie bezeichnet, noch folgende Websites zumindest marginal in das Sample einflossen, die sich nicht in diesem geografischen Bereich finden: Das sind Yad Vashem in Israel, das Anne-Frank-Haus in Amsterdam, das Mémorial de la Shoah in Paris, und in Polen das Museum und die Gedenkstätte Auschwitz-Birkenau.

Bei allen Versuchen der Objektivierbarkeit muss hier ein weiteres Mal hervorgehoben werden: Die Zusammenstellung des Korpus erfolgte alles andere als objektiv. Sie unterlag individuellem Vorwissen und subjektiven Annahmen, finanziellen sowie zeitlichen Einschränkungen und nicht zuletzt subjektiven, wenn auch begründeten Vorlieben.[33] Zur Erstellung eines aussagekräftigen Samples wurde zunächst auf etablierte digitale Methoden zurückgegriffen. Die Ergebnisse von Such- und Trendanalysen halfen bei der Eingrenzung des Untersuchungsgegenstandes. Darauf aufbauend wurde mittels einer „Netzwerkanalyse" das zu analysierende Sample schließlich festgelegt.

## 2.1.2 Suchen, Suchresultate und Trends

Nancy Van House und Elisabeth Churchill nennen Suchmaschinen „memory-machines", die „on the basis of technical, personal and collective biases" bestimmen, was wir finden, „was erinnert wird" und was „mehr oder weniger

---

31 Siehe etwa Johannes Angermuller/Jens Maeße, Der Hochschulreformdiskurs Thema, Gegenstand, Korpus, in: Johannes Angermüller/Martin Nonhoff u. a. (Hg.), Diskursforschung. Ein interdisziplinäres Handbuch (De Gruyter eBook-Paket Sozialwissenschaften 1), Bielefeld 2014.

32 Vgl. Amos Goldberg, The ‚Jewish narrative' in the Yad Vashem global Holocaust museum, in: Journal of Genocide Research 14 (2012) 2, 187–213, DOI: 10.1080/14623528.2012.677761.

33 Landwehr, Historische Diskursanalyse, 103.

wahrscheinlich aufgerufen und angeschaut" wird.[34] Hinzu kommt, dass das Internet sich permanent verändert, was auch bedeutet, dass Suchen nach bestimmten Begriffen oder Phrasen zu unterschiedlichen Zeiten und Orten, an
unterschiedlichen Geräten,[35] besonders aber bei unterschiedlichen Suchmaschinen jeweils andere Ergebnisse liefert. Trotz allem kann auch die geschichtswissenschaftliche Forschung heute Suchmaschinen wie Google nicht
ignorieren, im Gegenteil, „sie geht über Google hinaus."[36]

Google-Trend-Analysen[37] beurteilen, wie sich das Suchverhalten über die
Google-Suchmaschine im Laufe der Zeit verändert und welchen Links auf welche
Websites die Suchenden am häufigsten folgten. Diese Trend-Analysen zeigen,
dass seit 2004 das Suchinteresse nach dem Begriff „Holocaust" weltweit
schwindet. Der Begriff ist z. B. seit 2013 75 Prozent weniger häufig nachgefragt
worden als 2004, seit 2012 bleiben die Anfragen in etwa auf dem gleichen Stand,
allerdings wird ein weiterer Rückgang in den nächsten Jahren prognostiziert.[38]
Die Ergebnisse fallen anders aus, wenn die Analyse auf den deutschsprachigen
Raum eingeschränkt wird. In Deutschland nahm – mit Ausnahme des Jahres
2005 bzw. des Mai 2005 und einer Spitze im Februar 2009 – die Zahl der Suchanfragen über die Jahre relativ wenig ab, mit ebenfalls erkennbaren jährlichen
Spitzen jeweils im Januar, in den am 27. des Monats der Internationale Holo-
caust-Gedenktag fällt.[39] Dieser Trend der gleichbleibenden Anzahl von Suchanfragen, wie er in den deutschsprachigen Ländern zu sehen ist, zeigt sich in anderen europäischen Ländern nicht. In Italien z. B. sind die Suchanfragen bis 2009
stark rückläufig und zwar auf rund 30 Prozent der Beliebtheit im Vergleich zum
Jahr 2004 gefallen.[40] In Frankreich wiederum ist der stärkste Rückgang der
Suchanfragen bis 2007 auf ca. 25 Prozent der Suchanfragen von 2005 zu erken-

---

34  Nancy Van House/Elizabeth F. Churchill, Technologies of memory: Key issues and critical
    perspectives, in: Memory Studies 1 (2008) 3, 295–310, 304, DOI: 10.1177/1750698008093795.
35  Vgl. Hewson/Laurent, Research Design and Tools for Internet Research, 73.
36  Peter Haber/Jan Hodel, Geschichtswissenschaft und Web 2.0. Eine Dokumentation, in: The
    hist.net Working Paper Series 2 (2011), 2–33, 25.
37  Die Trends basieren auf „Beliebtheitsberechnungen", aus der Trendsuche „Interesse im
    zeitlichen Verlauf": „Die Werte geben das Suchinteresse relativ zum höchsten Punkt im
    Diagramm für die ausgewählte Region im festgelegten Zeitraum an. Der Wert 100 steht für die
    höchste Beliebtheit dieses Suchbegriffs." Google Inc. (Hg.), Google Trends, URL: https://
    trends.google.com/trends/?geo=US (abgerufen 20. 3. 2019).
38  Trend Analyse für Suchbegriff „holocaust", ausgeführt 11. 5. 2014, 28. 5. 2015, 29. 7. 2017, 21. 3.
    2019, URL: http://www.google.com/trends, später http://trends.google.com.
39  Trend-Analyse für Suchbegriff „holocaust", Deutschland, 11. 5. 2014, 28. 5. 2015, 29. 7. 2017,
    21. 3. 2019, URL: http://www.google.com/trends, später http://trends.google.com.
40  Trend-Analyse für Suchbegriff „holocaust", Italien, 28. 2. 2016, 29. 8. 2017, 3. 4. 2019, URL:
    http://www.google.com/trends, später http://trends.google.com.

nen. Danach bleibt die Zahl der Suchanfragen in etwa gleich hoch, um seit 2014 noch einmal erkennbar auf unter 20 Prozent zurückzugehen.[41]

Aus den Analysen kann also eindeutig ein Rückgang des Interesses am Holocaust abgelesen werden, was nebenbei mit den Ergebnissen einer globalen Studie der Anti-Defamation-League von 2015 übereinstimmt,[42] die eine alarmierende Abnahme des Wissens und der Kenntnisse um den Holocaust feststellte. Gleichzeitig kann als interessantestes Resümee aufgrund der oben gezeigten Popularität der Suchanfragen in Google (und weiterer Trendanalysen, die speziell auf Medienformate wie Bilder und Videos sowie auf Social Media Plattformen wie YouTube oder Facebook ausgerichtet waren) darauf geschlossen werden, dass es zunehmend die offiziellen Gedenktage einerseits und die Gedenkinstitutionen (Museen, Gedenkstätten, Forschungseinrichtungen, die am häufigsten angefragt bzw. angeklickt werden) bzw. deren Dachorganisationen (z. B. International Holocaust Remembrance Alliance, European Holocaust Research Infrastructure, die vernetzten Datenbanken der Arolsen Archives etc.) andererseits sind, die das Interesse der Öffentlichkeit wachhalten. Insgesamt sind also jährlich wiederkehrende Wellen zu erkennen: Die Nachfragen sind zwischen Januar und April/Mai am höchsten, während in den Sommermonaten ein deutliches Nachlassen der Anfragen zu verzeichnen ist.

Die derzeitige Erinnerungskultur zeichnet sich daneben durch multimedial vermittelte Inhalte aus. Bei der Ausbildung transnationaler Wissensnetzwerke spielen gerade „visuelle Motive einer global mediatisierten Holocaust-Kultur" eine wesentliche Rolle.[43] So gesehen setzt sich der Trend zur Ikonisierung des Holocaust auch und besonders im Netz fort: Die bekannten Bilder des Holocaust gehören nun losgelöst von ihrer lokalen Bedeutung zu einem symbolträchtigen globalen Bildervorrat. Damit hängt auch ein Trend zur zunehmenden Dominanz Sozialer Netzwerke zusammen. Neben Wikipedia, das seit 2006 die Suchtrends

---

41 Trend-Analyse für Suchbegriff „holocaust", Frankreich, 28.2.2016, 3.4.2019, URL: http://www.google.com/trends, später http://trends.google.com.

42 Vgl. Anti-Defamation-League (Hg.), The Holocaust – Global Awareness and Denial, URL: http://global100.adl.org/info/holocaust_info (abgerufen 20.3.2019).

43 Alejandro Baer/Bernt Schnettler, Holocaust-Erinnerungskultur als Wissensnetzwerk: Zwischen globaler Wertegemeinschaft und universaler Symbolkultur, in: Hans-Georg Soeffner (Hg.), Transnationale Vergesellschaftungen. Verhandlungen des 35. Kongresses der Deutschen Gesellschaft für Soziologie in Frankfurt am Main 2010, Wiesbaden (2013), URL: http://download.springer.com/static/pdf/404/chp%253A10.1007%252F978-3-531-18971-0_62.pdf?auth66=1422526842_024b433a358be49606ff5e13571625ab&ext=.pdf (abgerufen 29.1.2015), 633–648, hier 643; vgl. auch Erik Meyer/Claus Leggewie, ‚Collecting Today for Tomorrow' Medien des kollektiven Gedächtnisses am Beispiel des ‚Elften September', in: Astrid Erll/Ansgar Nünning (Hg.), Medien des kollektiven Gedächtnisses. Konstruktivität, Historizität, Kulturspezifität, Berlin/New York 2004, 278–291, hier 282; Jens Ruchatz, Fotografische Gedächtnisse. Ein Panorama medienwissenschaftlicher Fragestellungen, in: Erll/Nünning (Hg.), Medien des kollektiven Gedächtnisses, 83–105, hier 89.

anführt, führen vor allem Facebook und noch mehr YouTube die Liste der angefragten Websites bzw. Plattformen an. Die Begriffskombination „YouTube" und „holocaust" blieb aber bis heute die am häufigsten gesuchte.[44]

Schließlich – und das ist zentral bei diesen Analysen – können quantifizierende Herangehensweisen wie diese nur eingeschränkt Aussagen über die tatsächliche Nutzung von Sprache und Begriffen und die besuchten Websites machen. Mehr als Trends im Suchverhalten können schlicht nicht abgelesen werden.

Die scheinbar simple Suche nach dem Begriff „holocaust" zeigt schnell das, was Chris Anderson bereits 2008 das „Ende der Wissenschaft, wie wir sie kennen"[45] nannte. Denn trotz aller Rückgänge sind die Ergebnislisten seit langem unüberschaubar lang: Anna Reading verzeichnete schon 2003 1.143.332 Treffer bei einer entsprechenden Suche nach „holocaust" in der Suchmaschine Alta Vista.[46] Tatsächlich liefert die Suche, wenn der Begriff „holocaust" durch die Suchalgorithmen von Google gesendet wird, seit Jahren konstant Millionentreffer: Die Liste umfasste im September 2012 rund 11 Millionen Links, 14 Millionen Blogs, 66 Millionen Bilder, 29 Millionen Videos und über 4 Millionen Bücher. Die Folgejahre zeigen ein kontinuierlich steigendes Interesse an multimedialen Inhalten. 2019 wurden schließlich über 97 Millionen Treffer in der allgemeinen Suche weltweit, rund 71 Millionen für Bilder und in etwa 8 Millionen Hits für Videos angezeigt. Die Suchergebnisse für die allgemeine Websuche haben sich damit seit 2017 beinahe verdoppelt.[47]

Bei den Datenmengen handelt es sich um solche, die unter dem Stichwort Big Data zusammengefasst werden können – also Datenmengen, die zu groß oder zu komplex sind bzw. sich zu schnell ändern, um durch einzelne Forschende manuell analysiert werden zu können, weshalb auch Einschränkungen des Untersuchungskorpus, wie sie oben beschrieben wurden, unerlässlich sind. Mittlerweile zeigen zahlreiche multidisziplinär angelegte Forschungen die Vorteile teil-/automatisierter Datenanalysen: Während so beispielsweise das genaue Lesen eine genuin analoge quellenkritische Analyse kleiner Dateneinheiten erlaubt, ist das durch den Literaturwissenschaftler Franco Moretti so benannte Distant

---

44  Trend Analysen verschiedener Begriffskombinationen wie z. B. „Holocaust" und „YouTube" oder „Holocaust" und „Facebook" und viele andere vom 15. 9. 2012, 15. 7. 2013, 13. 1. 2016 und 3. 4. 2019 in Google-Trends, URL: http://trends.google.com.

45  Chris Anderson, The End of Theory. Will the Data Deluge Makes the Scientific Method Obsolete?, in: Edge. The Third Culture, 30. 6. 2008, URL: http://www.edge.org/3rd_culture/anderson08/anderson08_index.html (abgerufen 20. 3. 2019).

46  Reading, Digital interactivity in public memory institutions, 67; vgl. dazu auch: Dörte Hein, Mediale Darstellungen des Holocaust: Zum World Wide Web und zu seiner Disposition als Gedächtnismedium, in: Jahrbuch für Kommunikationsgeschichte (2005), 7, 176–196, 190–194.

47  Suchabfragen wurden mehrmals jährlich seit 2012 durchgeführt, die hier genannten Zahlen stammen vom 15. 9. 2012, 15. 7. 2013, 13. 1. 2016 und 3. 4. 2019 in URL: http://www.google.com.

Reading[48] auf die generalisierende Untersuchung großer Text-Datenmengen, die Mustererkennung in den Datenbergen, ausgerichtet. Wie quantifizierende Herangehensweisen an die Analyse von Big Data die Wahrnehmung von Online-Ressourcen und historische Fragestellungen verändert, ist noch nicht abzusehen.

### 2.1.3 Netzwerke

Quantifizierende Herangehensweisen und Visualisierungen sind beispielsweise bei den immer bedeutender werdenden Netzwerken der unterschiedlichen Institutionen und Gateways unerlässlich. Die Untersuchung von Interaktionen erfährt auch in den Geschichtswissenschaften – nicht zuletzt wegen des massiven Erfolgs Sozialer Netzwerke – eine Konjunktur. Neben der Untersuchung von Akteurs-Netzwerken erfährt die Verwendung der „Sozialen Netzwerkanalyse" (SNA) Aufwind, die dem Bereich der empirischen Sozialforschung zuzuordnen ist und soziale Beziehungen ebenso wie soziale Netzwerke im Fokus hat.[49] Die SNA ist ein sozialwissenschaftlicher Ansatz mit eigenen Theorien, Methoden und spezieller Software, die auch für geschichtswissenschaftliche Fragestellungen angewendet werden kann. Die historische Netzwerkanalyse beschreibt meist verflochtene soziale Beziehungen, wobei die Untersuchung über eine Konzentration auf die Akteursebene in einem Netzwerk hinausgeht. Die in der Netzwerkanalyse produzierten Graphen sind daher nicht ein Abdruck sozialer Wirklichkeit, sondern dienen der Visualisierung von Eigenschaften von Netzwerken, die schwierig in Worte zu fassen sind.[50]

Für die vorliegende Untersuchung war es von Bedeutung, die zentralen Handelnden bzw. die zentralen Institutionen und vor allem deren Vernetzung untereinander zu finden, denn das Internet ist ein äußerst „instabiler Untersuchungsgegenstand", wenn es als Quelle behandelt wird.[51] Ausgehend von den Ergebnissen der Trend-Analyse, aus der die am häufigsten gesuchten und angeklickten Websites hervorgehen, und der Link-Sammlungen zu internationalen

---

48 Franco Moretti, Distant Reading, London/New York 2013. Seit 2017 im Zuge der „Me Too"-Kampagnen auch Moretti angezeigt wurde, distanzieren sich ForscherInnen zunehmend von dem Begriff. Die Debatte ist jedoch noch im Gange; Zum Distant Reading von Franco Moretti bzw. Lev Manowich siehe Kritik von Kathryn Schulz, What Is Distant Reading?, The New York Times, 24.6.2011, URL: http://www.nytimes.com/2011/06/26/books/review/the-mechanic-muse-what-is-distant-reading.html (abgerufen 20.3.2019).

49 Vgl. Marten Düring/Ulrich Eumann, Historische Netzwerkforschung: Ein neuer Ansatz in den Geschichtswissenschaften, in: Geschichte und Gesellschaft 39 (2013) 3, 369–390.

50 Vgl. Claire Lemercier, Formal network methods in history: why and how?, in: Georg Fertig (Hg.), Social networks, political institutions, and rural societies (Rural history in Europe 11), Turnhout 2015, 281–310, hier 284.

51 Vgl. Richard Rogers, Das Ende des Virtuellen. Digitale Methoden, in: Zeitschrift für Medienwissenschaft 5 (2011) 2, 61–77, hier 64.

Holocaust-Gedenkstätten und -Museen, die unter der Aufsicht von Thomas Lutz und der Stiftung Topographie des Terrors[52] entstanden, wurde eine mehrere hundert Einträge umfassende Liste erstellt, aus der mittels Netzwerkanalyse die für die Untersuchung einflussreichsten Websites herausgefiltert wurden.

In der Netzwerkanalyse stellt sich die Webpräsenz dieses ausgewählten Website-Samples (Abbildung 1) wie folgt dar:

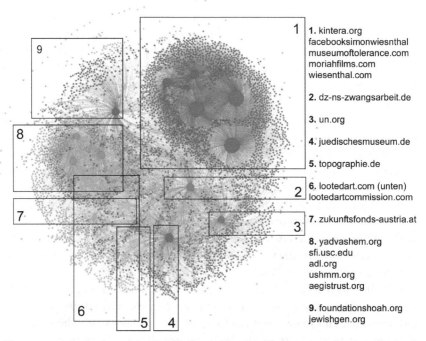

1. kintera.org
facebooksimonwiesnthal
museumoftolerance.com
moriahfilms.com
wiesenthal.com

2. dz-ns-zwangsarbeit.de

3. un.org

4. juedischesmuseum.de

5. topographie.de

6. lootedart.com (unten)
lootedartcommission.com

7. zukunftsfonds-austria.at

8. yadvashem.org
sfi.usc.edu
adl.org
ushmm.org
aegistrust.org

9. foundationshoah.org
jewishgen.org

Abb. 1: Vernetzung der deutsch- und englischsprachigen Institutionen (erstellt mit Gephi durch die Autorin)

Die Institutionen werden nach Anzahl der ein- und ausgehenden Links und durch Clustering dargestellt. So lassen sich für das Sample einige zentrale Knoten feststellen, die damit gleichzeitig als sogenannte Autoritäten im Netzwerk gelten.[53] Im englischsprachigen Raum ist einmal das im rechten oberen Bereich zu sehende Cluster zu nennen, das sich im Kasten mit der Nummer 1 befindet. Es ist

52 Vgl. Thomas Lutz/Stiftung Topographie des Terrors, Holocaust Memorials, 2019, URL: https://gedenkstaetten-uebersicht.de/ (abgerufen 20.3.2019).

53 Vorgegangen wurde dabei nach der von Jacomy vorgeschlagenen Methode: Mathieu Jacomy, Otherwise engaged. Network analytics with Gephi, in: Sciences Po Paris médialab, URL: https://digitalmethods.net/pub/Dmi/WinterSchool2016/Otherwise_engaged_with_Gephi.pdf (abgerufen 20.3.2019).

die Vernetzung des Simon Wiesenthal Centers und des Museum of Tolerance (mit Moriahfilms, der Fundraising-Plattform Kintera und der Facebook Seite der Institution). Besonders hervor sticht hier die starke selbstreferentielle Vernetzung dieser zusammengehörenden Plattformen sowie die schwache Verbindung zu den anderen Akteursgruppen. Eine sehr enge Zusammenarbeit, das lässt sich durch die Nähe der Knoten erkennen, ist in einem US-amerikanisch dominierten Netzwerk zu erkennen, das mit der Nummer 8 beziffert ist: Hier sind die USC-Shoah Foundation, die Anti-Defamation League und das USHMM und AEGIS-Trust vernetzt; Yad Vashem spielt hier ebenfalls eine große Rolle. Mit diesem Netz verbunden ist außerdem die Seite „lootedartcommission", die sich im Kasten Nummer 6 befindet. Die ebenfalls in Großbritannien angesiedelten Websites „lootedart" (auch in Nr. 6 unten) hingegen ist in der Nähe der im deutschsprachigen Raum bedeutenden Topographie des Terrors (Nr. 5) mit der dort verlinkten Seite DZ NS-Zwangsarbeit (Nr. 2), des Jüdischen Museums in Frankfurt (Nr. 4), des Zukunftsfonds Austria mit dem DÖW (Nr. 7) als wichtige Partnerinstitution im Internet zu finden. Auffallend bei den deutschen Seiten ist wohl deren ausgeprägte Vernetzung untereinander; sie ist jedoch nicht sehr eng (was z. B. ein Hinweis auf nicht sehr häufige gegenseitige Referenzen etwa in Kommunikationsmedien sein könnte aber auch andere Ursachen, wie wenig Social Media-Auftritte, haben könnte). Am Rande dieses Netzes befindet sich in der rechten unteren Ecke die Website der UN (Nr. 3). Ihr diagonal gegenüber liegt noch ein weiterer Knoten, nämlich die französische Seite „foundationshoah" (Nr. 9), die mit jewishgen.org (ebenfalls Nr. 9) enger verbunden ist. Die Kästen Nummer 9 und 3 sind nicht sehr eng mit den anderen Plattformen verbunden und liegen auch nicht sehr zentral, was auf relativ isolierte und randständige Netze hinweisen könnte.

Unterstrichen werden sollte dabei, dass die Anzahl der Links und deren gegenseitige Verweise natürlich nichts über Art und Inhalt der jeweils verlinkten Seiten aussagt und damit auch nichts über die Bedeutung der jeweiligen Websites. Es ist verständlich, dass aus der Sicht der Verlinkung, FördergeberInnen wie beispielsweise der Zukunftsfonds der Republik Österreich, besser verlinkt sind, da jedes geförderte Projekt darauf verweisen wird. Auch würden sich die Graphen signifikant verändern, wenn beispielsweise die Verlinkungen aus den Archiv-Datenbanken Yad Vashems, des USHMM oder der Arolsen Archives mit einbezogen werden könnten. Eine detailliertere Untersuchung und Diskussion sowie eine Wiederholung der Netzwerkanalyse in wiederkehrenden Zeitabständen wäre daher durchaus wünschenswert und notwendig, um weiterführende Erkenntnisse gewinnen zu können. Für die vorliegende Analyse diente die Netzwerkanalyse vornehmlich dem Erkennen der Akteursnetzwerke der untersuchten Websites und dies konnte erreicht werden. Das daraus entstandene Sample von 130 Websites von Institutionen oder Netzwerken und Projekten wiederum war im Anschluss Ausgangspunkt für eine inhaltliche Untersuchung, für die nach Archivversionen der Websites in den Internet Archiven gesucht wurde.

## 2.2    Zugänglichkeit bzw. Archivierung

Die *Zugänglichkeit des Materials* (Archivierung) muss besonders bei diesen fluiden Mediendaten besonders deshalb akribisch erfolgen, weil sonst eine Nachvollziehbarkeit der Analyse unmöglich ist. Dies gilt für Websites ebenso wie insbesondere für Social-Media-Inhalte und beobachtbare Interaktionen. Archivierungsmöglichkeiten gibt es mehrere. Die gängigsten sind die Archivierung von Screenshots der analysierten Seiten, softwaregestützte Downloads, PDF-Erstellung der Seiten, Abonnement und Archivierung von RSS-Feeds etc. Die Sicherung erfolgt dabei entweder lokal, auf dem Rechner bzw. den Festplatten des Forschungsteams – diese Vorgehensweise wurde hier gewählt – oder online durch Archivierungssysteme wie archive.is[54] oder WebCite[55].

Die Archivierung von Internet-Inhalten ist schon seit einiger Zeit Inhalt vieler Fachdiskussionen. Trotz zahlreicher unterschiedlicher Kategorisierungen kann grundsätzlich zwischen drei Arten digitaler Quellen unterschieden werden:[56] Es gibt eine unüberschaubar wachsende Zahl von digitalisierten analogen Quellen, die im Grunde ähnliche Eigenschaften wie ihre analogen Originale besitzen. Diese Eigenschaften treffen meistens auch auf *digital born* Quellen zu, also auf Daten, deren Ursprung digital ist, wie z. B. digitale Audio-, Foto- und Video-materialien oder digital erstellte Texte, Dokumente, E-Mails etc.. Eigenschaft dieser digital geborenen Daten ist, dass ein digitaler Code (sei es in Form von Metadaten oder als Software-Code) ein Teil von ihnen ist. Daneben wird in den letzten Jahrzehnten aber auch über sogenannte *digital reborn*, also digital wiedergeborene Daten (egal ob es digitalisierte oder digital geborene Quellen sind) gesprochen. Damit werden jene digitalen Daten bezeichnet, die durch einen Archivierungsprozess verändert werden, denn archivierte Daten sind z. B. oft kontextlos, da Hyperverlinkungen verloren gehen (wie etwa an den frühen Archivmaterialien der Internet Archive Wayback Machine[57] ersichtlich). Kurz gesagt, das Dynamische am Netz wird durch die Archivierungsvorgänge verändert bzw. zerstört. Die derzeit gängigen und möglichen Archivierungspraktiken ge-

---

54  archive.is Webpage Capture, URL: https://archive.is/ (abgerufen 17. 3. 2019).
55  WebCite, URL: http://www.webcitation.org/archive (abgerufen 17. 3. 2019).
56  Ausführlicher dazu Eva Pfanzelter, Analog v. digitale Quellen, in: Daniel Bernsen/Ulf Kerber (Hg.), Praxishandbuch Historisches Lernen und Medienbildung im digitalen Zeitalter, Leverkusen 2017, 81–90, 81–90.
57  Internet Archive Wayback Machine, URL: https://archive.org/ (abgerufen 17. 9. 2019).

nerieren damit Quellen als Untersuchungskorpus, die in doppeltem Sinne konstruiert sind: Es entstehen statische Bildquellen, wie sie in der Praxis des digitalen Hypertext-Internet nicht existiert haben.[58] Solche *digital reborn*-Daten sind nach wie vor eine große Herausforderung sowohl für Archive als auch andere Institutionen und es hat sich das Bewusstsein dafür geschärft, dass auch das Web mit seinen multimedialen, multimodalen, synchronen und asynchronen, kontinuierlich veränderbaren Eigenschaften eigener Archivierungspraktiken bedarf, welche allerdings erst langsam greifbar werden. Eine Rekonstruktion der Geschichte des Internets und von historischen Themen im Internet basiert daher auf diesen rekonstruierten Seiten, den Screenshots in den Online-Archiven.

Das Internet Archive mit der Wayback Machine ist ein weltweit einzigartiges Screenshot-Archiv. Das vom US-Informatiker und Aktivisten Brewster Kahle 1996 gegründete gemeinnützige Projekt, das von Spenden- und Stiftungsgeldern lebt, hat sich die Langzeitarchivierung digitaler Daten in frei zugänglicher Form zum Ziel gesetzt. Im Rahmen der Web-Archivierung werden dort sogenannte Momentaufnahmen (Mementos) von Websites, Usenet-Beiträgen, Filmen, Fernsehsendungen, Audioaufnahmen und auch von Software gemacht. Die Daten werden derzeit auf rund 20.000 Festplatten in San Francisco gespeichert, einen Spiegelserver gibt es in der ägyptischen *Bibliotheca Alexandrina*.

Für die vorliegende Untersuchung gilt prinzipiell festzustellen, dass die untersuchten Institutionen und Netzwerke zum allergrößten Teil ihre Websites nicht selbst archivieren. Zentrales Archiv für die Screenshots der Websites ist die genannte Wayback Machine. Hier sind Screenshots aller untersuchten Websites der Institutionen abgelegt, es werden also *digital reborn data* untersucht. Auch für diese Websites gilt, dass sie vor allem für die Anfangszeit der Archivierung, in den 1990ern und frühen 2000ern, kontextlos vorliegen, da Hyperlinks, Werbung, ursprüngliche Einbettung, Datenbankverlinkungen etc. nicht mehr vorhanden sind.[59]

Die Startseite des non-profit Projektes verspricht Zugang zu 451 Milliarden Webseiten (Stand Juli 2020) in unterschiedlichen Formaten, dies seit Beginn der Archivierung 1996 in der digitalen Bibliothek als digitale kulturelle Artefakte gesammelt wurden. Für die einzelnen Websites sieht eine Archivierungsseite dann wie im folgenden Beispiel in Abbildung 2 aus:

---

58 Vgl. Niels Brügger/Niels O. Finnemann, The Web and Digital Humanities: Theoretical and Methodological Concerns, in: Journal of Broadcasting & Electronic Media 57 (2013) 1, 66–80, 74–76, DOI: 10.1080/08838151.2012.761699.
59 Vgl. Niels Brügger/Niels O. Finnemann, The Web and Digital Humanities: Theoretical and Methodological Concerns, in: Journal of Broadcasting & Electronic Media 57 (2013) 1, 66–80, 74–76.

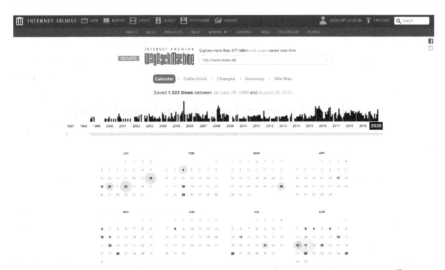

Abb. 2: Ergebnis der Suche nach archivierten Seite des Dokumentationsarchivs des Österreichischen Widerstandes. Die Suchergebnisseite bildet in einem Jahresstreifen die Anzahl der
gefundenen Screenshots ab. Im hier ausgewählten Jahr 2018 sind darunter die gefundenen
Screenshots pro Monat angezeigt, die einzeln ausgewählt werden können. (Quelle: Wayback
Machine, Screenshot der Autorin)[60]

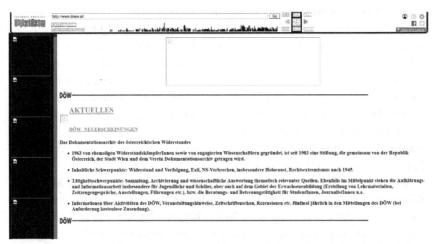

Abb. 3: Screenshot der DÖW-Website vom 25. 1. 1999. Deutlich zu sehen sind die *broken links* zu
den ehmals vorhandenen Quellen und Icons. (Quelle: Wayback Machine, Screenshot der Autorin)

Abbildung 3 zeigt ein Beispiel eines archivierten Screenshots der Website des
Dokumentationsarchivs des österreichischen Widerstandes vom 25. Jänner 1999,

---

60 Archive of www.doew.at, Internet Archive, URL: https://web.archive.org/web/*/www.doew.at
(abgerufen 17. 9. 2019).

wie sie unter der Adresse http://www.doew.at in der Internet Archive Wayback Machine archiviert ist. Gut erkennbar sind die fehlenden Bilder und Verlinkungen. Nur einzelne davon können durch separate Downloads ebenfalls aus der Wayback Machine wiederhergestellt werden. In späteren Jahren reduzieren sich diese Fehler weitgehend (siehe Abbildung 4). Bestehen bleibt das Problem der fehlenden Verlinkung in tiefere „Schichten" der Websites oder gar zu Datenbanken. Bis 2019 hat sich die Situation, was diese Probleme angeht, jedoch deutlich verbessert. Für das DÖW beispielsweise sind die Daten bis auf fünf Ebenen tiefer archiviert (Abbildung 5), was besonders für Datenbankzugänge relevant ist.

Abb. 4: Der archivierte Screenshot vom 4.7. 2010 (Quelle: Wayback Machine, Screenshot der Autorin)

Abb. 5: Der archivierte Screenshot vom 22. 03 2019 (Quelle: Wayback Machine, Screenshot der Autorin)

### 2.2.1 Lokales Archiv der Screenshots der Websites aus der Wayback Machine

Für jede einzelne der hier untersuchten Websites wurden nach der in „The Website" beschriebenen Methode der *Digital Methods Initiative*[61] die Screenshots aus der Wayback-Machine extrahiert und lokal gespeichert. Mittels der von der Initiative zur Verfügung gestellten App *Internet Archive Wayback Machine Link Rippers*[62] wurden dabei alle zu einer Website gehörigen Links der Archivversionen einer Website geholt (Abbildung 6).

Da die Wayback Machine die Websites auch ohne besondere Änderungen durchsucht haben kann, gibt es manchmal multiple Versionen der Archivver-

---

61  Vgl. User: ErikBorra, The Website, 12.11.2012, URL: https://www.digitalmethods.net/Digital methods/TheWebsite (abgerufen 20.3.2019).

62  Digital Methods Initiative (Hg.), The Internet Archive Wayback Machine Link Ripper, URL: https://www.youtube.com/watch?v=DVa2TBhp4a4 (abgerufen 20.3.2019).

sionen pro Tag. Für den vorliegenden Fall wurde aber auf diese multiplen Versionen verzichtet und jeweils nur ein Link pro Tag gesammelt. Zur besseren Nachverfolgbarkeit wurde die Zeitleiste der Archivversionen in die Linklistensammlung mit aufgenommen. Die in einem Textfile gesammelten Linklisten wurden dann mittels der Firefox Add-on *Grab them all*[63] (Abbildung 7) alle Screenshots der Institutionen eingefangen (letztes Update im Frühjahr 2019, als letztes Archivierungsdatum wurde der 31. Dezember 2018 gewählt) und als Bilddateien lokal gespeichert. Dieser Prozess dauerte, je nach Anzahl der Screenshots, mehrere Stunden bis ca. einen Tag pro Website.

Abb. 6: Eingabeseite des Internet Archive Wayback Machine Link-Ripper (Quelle: App der digitalmethods.net-Initiative, Screenshot der Autorin)

Abb. 7: Add-on Grab Them All bei der Ausführung des Downloads z. B. auf die lokale Festplatte (Quelle: Screenshot der Autorin)

So entstand ein umfassendes Bildarchiv von mehreren zehntausend Seiten, da pro Website zwischen 300 (z. B. Jüdisches Museum London) und 6.000 (z. B. US Holocaust Memorial Museum) „front end" Screenshots (also Screenshots der Hauptseiten, fallweise ohne Einbeziehung der für eine Untersuchung notwendiger, manchmal vorhandener Unterseiten) eingefangen wurden.

### 2.2.2   Reduktion der Screenshot-Downloads

Die meisten Screenshots der so gesammelten und hier untersuchten 118 Websites sind für das US Holocaust Memorial Museum, mit rund 6.100, und die Anti Defamation League, rund 5.200, vorhanden. An dritter Stelle folgt die Stiftung

---

63  Addons.mozilla.org (Hg.), Firefox Add-on Grab Them All, 2018, URL: https://addons.mozil
la.org/de/firefox/addon/grab-them-all/ (abgerufen 20. 3. 2019). Die Firefox-Erweiterung arbeitete problemlos bis zur Version Firefox Quantum. Für die neueren Versionen wurde Grab Them All nicht mehr adaptiert und es müssen Alternativen wie z. B. Screenshot One Pro von Microsoft benutzt werden.

Gedenkstätten Buchenwald und Mittelbau-Dora mit rund 3.800 Downloads. Das Anne Frank Museum in Amsterdam (etwa 2.900), das Państwowe Muzeum Auschwitz-Birkenau (etwa 2.800), Yad Vashem (rund 2.200) und das Simon Wiesenthal Center (ebenfalls rund 2.200) wurden jeweils mehr als 2.000 Mal gespeichert.

Entweder durch das optische Nebeneinanderstellen der Screenshots etwa im Explorer von Windows oder durch die Erstellung von Filmen via Windows Movie Maker aus den Screenshots stechen im fließenden Ablauf jene Seiten hervor, bei denen es im Laufe der Jahre große Änderungen gab.[64] Diese wurden für die inhaltliche Analyse ausgewählt. Am Beispiel der heruntergeladenen Screenshots der Website des Dokumentationsarchivs des österreichischen Widerstandes (http://www.doew.at) wird die weitere Vorgehensweise erklärt. Zunächst werden die Screenshots in der Symbole-Ansicht des Windows Explorers angezeigt (Abbildung 8).

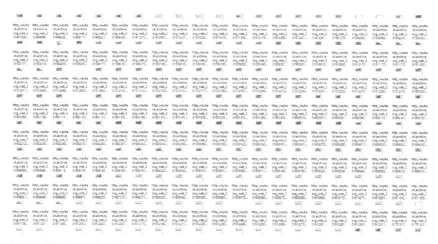

Abb. 8: Alle Screenshots im Windows Explorer am Beispiel der Downloads der Website http://www.doew.at. Die Unterschiede in der Gestaltung der Website sind am Bildschirm deutlich zu erkennen.

Es folgt, in einem zweiten Schritt, eine Reduktion auf jene Seiten, bei denen es sichtbar große Unterschiede zwischen zwei aufeinander folgenden Screenshots gibt, was auf umfangreichere Umgestaltungen und Updates schließen lässt (Abbildung 9). Die detaillierte Durchsicht der so entstandenen Sammlung wiederum lässt eine weitere Reduktion der Screenshots zu, sodass schließlich nur jene Bilder der Seiten übrigbleiben, bei denen tatsächlich markante Veränderungen wie beispielsweise Design-Updates erkennbar werden (Abbildung 10).

---

64 User: ErikBorra, The Website.

Abb. 9: Ausgewählte Screenshots der Website http://www.doew.at. In diese Auswahl wurden jeweils die letzten Screenshots vor einer sichtbaren Veränderung und die ersten Screenshots dieser Veränderung aufgenommen.

Abb. 10: Nach mehreren Reduktionsschritten: Finale Auswahl der Screenshots der Website http://www.doew.at für die Analyse in NVivo. In dieser Auswahl sind nur noch jene Screenshots der Jahre 199 bis 2019 enthalten, die visuell markante Unterschiede aufweisen und damit gleichzeitig auf größere inhaltliche Umgestaltungen deuten können.

Diese „auffälligen" Screenshots wurden in der Folge einer inhaltlichen Analyse mittels der Software NVivo in der Version 12 unterzogen. Die Software diente dabei als Annotationswerkzeug, um mittels der dort ermöglichten Codierung die Verbindungen zwischen den Webseiten besser herstellen zu können.

## 2.3    Analyse des Inhaltes bzw. der Aussagen

Einen ersten Analyseschritt stellt die Kontextanalyse dar. Da diese besonders für die Online-Inhalte schwer zu fassen ist, war eine umfassende Rezeption wissenschaftlicher Texte aus dem Bereich der Geschichte des Holocaust, der Memory Studies und der Medienwissenschaften unerlässlich. Parallel dazu erfolgte die Analyse der Websites selbst. Ausgangspunkt der Untersuchung war die Erfassung immer wiederkehrender Topoi, Personen, Ereignisse, Institutionen, Begriffe, Medien und Entwicklungen. Dabei ging es um das Erkennen regelmäßig wiederkehrender Bestandteile im Korpus. Das konnten in Anlehnung an Achim Landwehr Themen, Wörter, Sätze, Statistiken, Artefakte, Bilder, Sinneinheiten, Begriffe und Kommunikationssituationen etc. sein.[65]

Es ging damit vordergründig um die Identifizierung der Makrostrukturen bzw. narrativen Muster in den Online-Inhalten. Das „Thema" oder der „Gegenstand" des multimodalen Textes standen dabei im Fokus. Dazu gehörte manchmal die „Textur" der Inhalte, also wie Texte organisiert und angeordnet sind und welche „graphische Gestaltung", die besonders bei Online-Inhalten eine zentrale Stellung erhält, indem sie eben durch Design- und Grafikelemente Aussagen unterstützt, gewählt wurde. Besonders hervorzuheben ist daneben die Untersuchung der vielen verschiedenen Formen und Arten der kommunikativen Modi, durch welche ebenfalls Wissen ausgedrückt werden kann. Quantifizierende Methoden, z. B. die Untersuchung der Worthäufigkeit in Teilen des Textkorpus, sind ebenso möglich (siehe beispielsweise Abbildung 15 und Abbildung 16).[66]

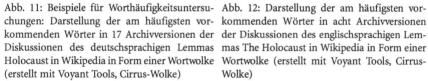

Abb. 11: Beispiele für Worthäufigkeitsuntersuchungen: Darstellung der am häufigsten vorkommenden Wörter in 17 Archivversionen der Diskussionen des deutschsprachigen Lemmas Holocaust in Wikipedia in Form einer Wortwolke (erstellt mit Voyant Tools, Cirrus-Wolke)

Abb. 12: Darstellung der am häufigsten vorkommenden Wörter in acht Archivversionen der Diskussionen des englischsprachigen Lemmas The Holocaust in Wikipedia in Form einer Wortwolke (erstellt mit Voyant Tools, Cirrus-Wolke)

---

65  Vgl. Landwehr, Historische Diskursanalyse, 105–111; Traue/Pfahl u. a., Diskursanalyse, 503.
66  Vgl. Ebd., 114–115; siehe dazu auch Traue/Pfahl u. a., Diskursanalyse, 498.

## 2.3.1   Vorgehensweise in der Praxis: QDA-Software

Während es für multimodale Diskurse und Inhalte einige theoretische Ausführungen gibt, sind Beschreibungen praktischer Anwendungen dazu noch rar, wie Dennis Jancsary, Markus A. Höllerer und Renate E. Meyer 2016 anmerkten. *Die „multimodale Methode"* gibt es jedenfalls bislang nicht, da bei solchen Untersuchungen ebenfalls gilt, dass das Forschungsdesign an die Fragestellungen und den Untersuchungsgegenstand angepasst werden müssen.[67]

Der Einsatz sogenannter QDA-Software (Qualitative-Data-Analysis-Software) gehört mittlerweile zum *state of the art*, wenn es um qualitative Evaluierungen geht. Wobei qualitative Analysen in den Sozialwissenschaften und auch in den Geisteswissenschaften lange Zeit nicht auf gutem Fuß mit digitalen Systemen standen. In den letzten Jahrzehnten verschaffen sich dennoch eindeutig die Vorteile der Softwareunterstützung Geltung. Zwar wird diese nach wie vor immer nur ergänzend zur manuellen, inhaltlichen Auswertung genutzt, doch sind es v. a. die Schnelligkeit des Computers und die Möglichkeit der Verarbeitung immer größerer Datensätze, die für einen Softwareeinsatz sprechen. D. h. (fast) alle Analyseschritte ließen sich auch manuell machen, allerdings auf Kosten der Übersichtlichkeit und mit größerem Zeitaufwand. Anzumerken ist auch, dass QDA-Computerprogramme keine Arbeitsweisen und Methoden vorgeben, fraglos aber verändern sie auch die methodischen Herangehensweisen in den Geschichtswissenschaften.[68]

## 2.3.1   Codieren der Artefakte, Kategoriebildung und Zusammenführen der Inhalte

Das Prozedere ist bei allen gängigen QDA-Programmen mehr oder weniger dasselbe: Nach dem Importieren der Texte, Bilder, Audio- oder Videodateien geht es in einem ersten Schritt um eine manuelle Vergabe von Codes, also „Zeiger" auf Themen und Inhalte. In vielen Software-Lösungen gibt es darüber hinaus die Möglichkeit, auf Basis dieser manuellen Codierung weitere, automatisierte Codierungen und Attributauszeichnungen vorzunehmen. Dabei versuchen die Programme aufgrund von Wortfrequenzen, -gleichheiten und -ähnlichkeiten und auf Basis einer Analyse der Wortstellungen zueinander Muster im Quellmaterial zu erkennen.

---

67  Vgl. Dennis Jancsary/Markus A. Höllerer u. a., Critical Analysis of Visual and Multimodal Texts, in: Wodak/Meyer (Hg.), Methods of critical discourse studies, 181–205, 188–189.

68  Vgl. Udo Kuckartz, Einführung in die computergestützte Analyse qualitativer Daten (Lehrbuch), Wiesbaden 2007[2], 12–13.

Für die vorliegende Untersuchung wurde die Software NVivo-Pro in der Version 12 benutzt. Die vergebenen Codes[69] sind einerseits Fakten-Codes, also jene, in denen Namen und Orte mit Metadaten ausgezeichnet und gesammelt werden, und freie Codes, die auf Basis des Inhalts vergeben werden. Auf eine Bewertung der Codes (z. B. hinsichtlich positiver oder negativer Argumentation), wie sie in vielen qualitativen Analysen geschieht, wurde verzichtet, und diese auf die manuelle Analyse verschoben. Analyseeinheiten bildeten die ausgewählten archivierten Screenshots der Websites aus der Sample-Liste, auf die die Codes angewendet wurden (siehe Beispiele in Abbildung 13, Abbildung 14 und Abbildung 15 derselben Seite aus unterschiedlichen Zeiträumen).

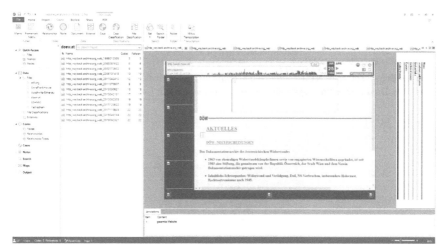

Abb. 13: Beispiel eines in NVivo codierten Screenshots der Website http://www.doew.at aus dem Jahr 1999. Das Programm ist in unterschiedliche Arbeitsbereiche eingeteilt: im linken Fenster findet die Navigation zwischen Dateien, Codes und anderen Applikationen statt. Im zweiten Abschnitt daneben ist die Übersicht der in diesem Ordner bearbeiteten Dateien, im vorliegenden Fall bestehend jeweils aus einem Screenshot, mit und die Anzahl der vergebenen Codes zu sehen. Im Dritten Fenster wird die aktuell bearbeitete Datei angezeigt. Die Querbalken im vierten Abschnitt sind die vergebenen Codes – im vorliegenden Fall beziehen sie sich meist auf das gesamte Bild, es können aber auch nur einzelne Textstellen oder Bildausschnitte codiert werden.

Die Bildung von Kategorien oder auch Themen erfolgte, das sei hier noch einmal wiederholt, zunächst auf Basis der Kontextanalyse in der wissenschaftlichen Literatur. Durch neu gesetzte Codes und daraus entstehende Code-Wolken während der Feinanalyse in NVivo entstanden induktiv neue Kategorien.[70] Grundsätzlich muss allerdings angemerkt werden, dass die so vorgenommene Untersuchung sehr umfangreiche Daten produzierte, die letztlich in der Analyse

---

69 Detailliert zur Vergabe von Codes siehe beispielsweise Kuckartz, Einführung, 60–61.
70 Ausführlicher zur induktiven Kategoriebildung siehe Kuckartz, Einführung, 58.

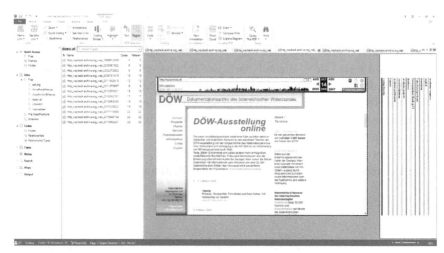

Abb. 14: Beispiel eines in NVivo codierten Screenshots der Website http://www.doew.at aus dem Jahr 2006. Da die Seite umfangreicher geworden ist, sind mehr Codes vergeben worden.

Abb. 15: Beispiel eines in NVivo codierten Screenshots der Website http://www.doew.at aus dem Jahr 2019. Mit der Komplexität der Seite steigt die Anzahl der vergebenen Codes och einmal deutlich.

bei weitem nicht alle aufgenommen werden konnten. Gleichzeitig jedoch, und das ist ein nicht zu unterschätzender Faktor bei diesen multimodalen Materialien, lernen Forschende die Websites aufgrund der Codierungsarbeit detailliert kennen, was im Grunde wiederum der in den Geschichtswissenschaften üblichen Herangehensweise entspricht.

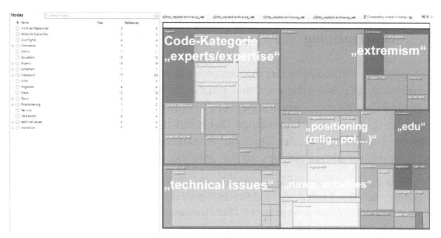

Abb. 16: Kategoriebildung aus der Codeliste für die untersuchten Archivversionen des DÖW – die Kategorien bildeten die Basis für die Detailuntersuchung. Diese Kategorien können z. B. auch für alle Codes im gesamten Projekt vergeben werden.

Durch die Kategoriebildung[71] aus der umfangreichen Codeliste entstanden schließlich – nach einem zweiten Codierungsdurchgang, in dem zusätzlich codiert bzw. umcodiert wurde – jene inhaltlich zusammenhängenden Topoi und Diskurse, die in ein Manuskript einfließen (Abbildung 16). Zu den prominentesten der auf den Websites verhandelten Themen gehörten, so das Ergebnis der Untersuchung, die Neuinszenierung des Holocaust für die digitale Welt, die Holocaust Education mit einem starken Fokus auf Zeitzeugenschaft, die Vernetzung und Technologisierung der Diskurse, die rasanten Veränderungen aufgrund neuer Kommunikationsmodi sowie die Verschiebung zahlreicher bis dahin unverrückbarer Grenzen in Holocaust-Diskursen wegen des wachsenden online-Hasses und Rassismus. Da es sich bei dem vorliegenden Beitrag um eine Erläuterung der Methodik zur Erstellung von Untersuchungskorpora mit anschließender qualitativer Inhaltsanalyse handelt, können diese Resultate jedoch an dieser Stelle nicht weiter ausgeführt werden (siehe dazu näheres im Editorial).

---

71 Zu den speziellen Herangehensweisen für die Codierung und Kategoriebildung und die darauf aufbauenden möglichen Ausformulierungen von Themen siehe die Beiträge von Andrea Brait und Sarah Oberbichler in diesem Heft. Die detaillierte Darstellung für den vorliegenden Beitrag hätte den Umfang gesprengt.

## III.  Zusammenfassung: Möglichkeiten und Grenzen der Untersuchung

Die gewählte methodische Herangehensweise erlaubte eine umfangreiche Untersuchung des zuvor definierten und gesicherten Korpus. Gleichzeitig mussten aufgrund des überbordenden Materials Einschränkungen bei der Analyse auf spezielle Inhalte und herausragende Diskurse vorgenommen werden. Der Soziologe Siegfried Jäger, der durchaus empathisch auf Kürzungs- und Einschränkungsvorschläge reagiert, meinte etwa 2006:

> „Einen Königsweg, der für jede Thematik gilt, gibt es nicht. Als Faustregel ist zu beachten, daß jede Festlegung, Modifikation, Beschränkung genau zu verorten und zu begründen ist. Neben ganz pragmatischen Begründungen (Zeit und Geld) sind es vor allem sinnvolle inhaltliche Begründungen, Verweise auf die allgemeine Forschungssituation, in der man sich verortet etc."[72]

Festzuhalten bleibt für das vorliegende Korpus die Verschränkung von Holocaust-Diskursen mit den Themen Geschichte und Erinnerung und wie sich diese auf Internet-Websites veränderten. Die Untersuchung beschränkt sich auf einen bestimmten Zeitraum: Mitte der 1990er-Jahre – dem Moment, in dem die ersten archivalisch erfassten Websites zu finden sind – und Ende 2018. Sie umfasst eine bestimmte Analyseeinheit: institutionelle Websites des deutsch- und englischsprachigen Raumes bzw. solche der zentralen Akteursgruppen im Internet und die dafür relevante wissenschaftliche Literatur. Es findet außerdem eine Beschränkung auf Spezialthemen (z. B. Soziale Medien, Holocaust Education, Zeitzeugenschaft etc.) und auf ein Spezialmedium (Internet-Sample) statt. In diesem Sample konnten schließlich Themen identifiziert werden, die für die weiterführenden Forschungsfragen von Relevanz sind, wie z. B.: Welche Veränderungen sind bei den untersuchten Websites hinsichtlich zunehmend transnationaler und transkultureller werdender Holocaust-Diskurse zu erkennen, welche zur Vernetzung von Personen, Institutionen, Nationen und transnationalen Vereinigungen und wie sind sie im Bereich des sich geradezu inflationär entwickelnden Bereiches der Public History zu verorten?

Am 21. Juli 2010 prophezeite Jeffrey Rosen in einem „New York Times Magazine"-Artikel „The Web Means the End of Forgetting".[73] Er warnte vor dem Verlust der Privatheit, da es eben nicht möglich sei, einmal im Netz vorhandene digitale Daten wieder zu löschen. Das Internet erschien demnach als riesiges Online-Archiv mit unbegrenzten Recherchemöglichkeiten – ein potentielles

---

72  Jäger, Bemerkungen zur Durchführung von Diskursanalysen.
73  Jeffrey Rosen, The Web Means the End of Forgetting, The New York Times Magazine, 21.7. 2010, URL: http://www.nytimes.com/2010/07/25/magazine/25privacy-t2.html?pagewanted= all&_r=0 (abgerufen 17.3.2019).

Paradies für die historische Zunft. Nichts jedoch entspricht wohl weniger der Realität als diese Vorstellung, denn das Internet vergisst zwar vielleicht nicht, sich an die historischen Ausprägungen des Netzes zu erinnern, ist aber nach wie vor ein komplexes Unterfangen, wie die vorliegende Untersuchung klarmachen kann. HistorikerInnen stehen angesichts der kontinuierlichen Veränderung der Daten, der Zugänge, der Kommunikationswege und der Software-Veralterung auch nach Jahren der Diskussionen um digitale Archivierungspraktiken[74] daher immer noch vor großen methodischen Herausforderungen.

Dabei sind es vor allem die großen Institutionen, die *shrines* der Holocaust-Erinnerung, wie sie auch in den oben genannten Trend- und Keyword-Suchen hervorstechen, die im Laufe der vergangenen Jahrzehnte wahrhaft Big Data angesammelt haben. Versteckt in den Archiven bzw. offen online zugänglich finden sich hunderttausende Dokumente und Fotos ebenso wie zehntausende Videos und Zeitzeugeninterviews. Die Benutzung dieser Daten durch eine breite Öffentlichkeit kann mitunter problematisch sein, da es um Authentizität, Missbrauch und nicht zuletzt Copyrightfragen geht bzw. besonders auch darum, wie in den umfangreichen Sammlungen Relevantes gefunden werden kann. Die Unterschiede im Umgang mit den Archivalien sind jedoch auffällig, reichen sie von nur minimal kontrollierten Zugängen (z. B. die online erhältlichen Digitalisate im USHMM oder neuerdings bei den Arolsen Archives) bis zu auffälligen Visualisierungen, die auch spannende neue Fragestellungen zu beantworten suchen, wie es etwa die Beispiele der USC Shoah Foundation[75] mit den tausenden Zeitzeugeninterviews oder die Ergebnisse der „Geographies of the Holocaust"-Studien[76] zeigen.

---

74  Vgl. Daniel J. Cohen/Roy Rosenzweig, Digital history. A guide to gathering, preserving, and presenting the past on the Web, Philadelphia 2006.

75  USC Shoah Foundation (Hg.), I Witness, 2019, URL: https://iwitness.usc.edu/SFI/ (abgerufen 3.4.2019).

76  Anne K. Knowles/Alberto Giordano, Geographies of the Holocaust, URL: https://www.ushmm.org/learn/mapping-initiatives/geographies-of-the-holocaust (abgerufen 20.3.2019).

zeitgeschichte extra

Ingrid Böhler / Dirk Rupnow

## Während der Corona-Krise. Der 13. Österreichische Zeitgeschichtetag 2020 in Innsbruck („Nach den Jubiläen") als 1. Virtueller Österreichischer Zeitgeschichtetag

10. März 2020: Über ein Jahr hatte das Team des Instituts für Zeitgeschichte[1] den 13. Österreichischen Zeitgeschichtetag für die Tage vom 16. bis 18. April 2020 intensiv vorbereitet. Es sollte der dritte in Innsbruck werden, nach dem ersten im Jahre 1993 und dem siebten 2008. Ein umfangreiches Rahmenprogramm war geplant: Eröffnung mit einer Keynote des Schriftstellers Michael Köhlmeier, Abendempfang im Tirol Panorama am Bergisel, Abschlussevent mit einem History Slam in Kooperation mit dem bfi Tirol und dem Kulturkollektiv ContrApunkt. Erstmals verfügte der Zeitgeschichtetag als „GREEN EVENT TIROL basic"[2] über eine ökologische Zertifizierung. Auf den Call for Papers waren 57 Einzelvorträge, 46 Panels und 5 Spezialformate eingereicht worden. Nach einem doppelten Peer Review-Verfahren mit Hilfe von 32 KollegInnen von allen österreichischen Universitäten mit Zeitgeschichte-Instituten bzw. Professuren entstand daraus ein dichtes dreitägiges Programm mit 142 Vorträgen in 50 Panels und Spezialformaten.[3] Die Plakate waren gedruckt, das Programmheft fertig gesetzt. Das Konferenzverwaltungsprogramm hielt bei insgesamt 334 angemeldeten TeilnehmerInnen.

Doch dann kam alles anders. Am Abend dieses Tages[4] untersagte das Rektorat der Universität Innsbruck die Durchführung aller Veranstaltungen, zunächst bis zum 20. April. Die nach der sprichwörtlichen Schrecksekunde eingeleiteten Versuche des Organisationsteams, einen Ausweichtermin zu finden, erwiesen sich rasch als nicht durchführbar. In dem Moment war alles nur Vermutung: Ob mit einer Wiederaufnahme des Präsenzbetriebs nach Ostern, also in vier Wochen,

---

1 Marcel Amoser (Koordination des Tagungsbüros), Ingrid Böhler, Andrea Brait, Eric Burton, Benedikt Kapferer, Yvonne Pallhuber, Eva Pfanzelter, Dirk Rupnow, Judith Genovefa Welz.
2 Klimabündnis Tirol, GREEN EVENTS TIROL, URL: https://www.greenevents-tirol.at/de/ (abgerufen 2.7.2020).
3 Zgt20, So war's geplant, URL: https://www.uibk.ac.at/zeitgeschichte/zgt20/so-war-s-geplant/ (abgerufen 2.7.2020).
4 Per Rundmail vom Vorabend war ab dem 10. März der Lehrbetrieb an der Universität bereits auf Fernlehre (distant learning) umgestellt worden.

schon wieder gerechnet werden könne oder ob von einem längeren Aussetzen der Veranstaltungen und vor allem großer Konferenzen und Tagungen auszugehen sei. Gleichzeitig ließen sich weder für Juli noch für September Räume finden. Nun wurden die verbleibenden Optionen gegeneinander abgewogen: eine ersatzlose Absage, die die Arbeit von einem Jahr zunichtegemacht hätte; eine Verschiebung in das kommende Jahr, was aber im Wesentlichen bedeutet hätte, mit der Arbeit wieder von vorne beginnen zu müssen – oder ein virtuelles Szenario. Wer aber hätte vorhersehen können, wie die Situation im Herbst sein würde oder im nächsten Jahr? Wie viele Tagungen würden in den Herbst verschoben werden? Wer könnte sie alle nebeneinander besuchen? Und würden KollegInnen ein Jahr später immer noch die gleichen Vorträge halten wollen? Oder müsste man dann ein völlig neues Programm gestalten, den Call wiederholen, das Peer Review-Verfahren desgleichen? Würden ein Jahr später auch noch die gleichen Fördergelder fließen?

Unter dem Strich erschien die Virtualisierung des Zeitgeschichtetags rasch als attraktivste Variante. Obwohl in diesen Tagen noch keine klare Vorstellung von der technischen Umsetzbarkeit existierte, herrschte schnell Einigkeit darüber, dass es das Beste sein würde, auch den ursprünglichen Termin einzuhalten. Diesen hatten sich schließlich alle Vortragenden und Gäste schon für den Zeitgeschichtetag reserviert. Als nächstes wurde der Zentrale Informatikdienst (ZID) der Universität Innsbruck kontaktiert. Dort fand man Gefallen am Pioniergeist des Instituts und signalisierte Unterstützung, obwohl man sich ganz offensichtlich in einem Moment der akuten Überlastung durch die unerwartete Umstellung der gesamten Lehre auf „distant learning/teaching" befand. Wie zu erfahren war, würde der Zeitgeschichtetag überhaupt die erste an der Universität durchgeführte große öffentliche Konferenz im virtuellen Modus sein. Am 18. März wurden schließlich alle Chairs und Vortragenden mit der Frage konfrontiert, ob sie bei der Umwandlung des 13. Österreichischen Zeitgeschichtetags in den 1. Virtuellen Österreichischen Zeitgeschichtetag weiterhin zur Teilnahme bereit seien. Ab diesem Zeitpunkt gab es kein Zurück mehr. Abzüglich der Ostertage standen nur etwa drei Wochen für die Transformation zur Verfügung. Eine Vorgabe hatte das ZID eingebracht: Um die technische Infrastruktur nicht zu überlasten (Stichwort „Bandbreite") war eine Redimensionierung des Programms notwendig. Es ließen sich nur zwei Panels parallel durchführen – nicht vier, wie es das ursprüngliche Programm vorsah. Tatsächlich traf sich diese Vorgabe gut mit den Rückmeldungen seitens der ReferentInnen: Etwa die Hälfte entschloss sich spontan, mit dem Organisationsteam das Experiment zu wagen. Die andere Hälfte zog die Einreichung aus unterschiedlichsten Gründen zurück (z. B. aktuell fehlender Zugang zum Vortragsmaterial, inadäquate Ausrüstung im Home Office, Corona-bedingte Betreuungsverpflichtungen, aber auch Skepsis bzgl. des Formats).

Vom 16. bis 18. April 2020 ging dann der ins Internet verlegte Zeitgeschichtetag mit Erfolg über die Bühne.[5] Das Programm bestand aus insgesamt 23 Panels in zwei parallelen Schienen mit rund 65 Vortragenden. Jedem Panel waren jeweils zwei für den technischen Ablauf verantwortliche studentische Hilfskräfte als e-ModeratorInnen zugeteilt worden. Diese hatten – nach ihrer eigenen Einschulung – im Vorfeld Probemeetings mit allen Chairs und ReferentInnen durchgeführt, sorgten für die Bereitstellung der Folien, wachten über die richtige Bedienung der Software durch das Podium und unterstützten dieses bei der Durchführung der Diskussion. Fragen mussten schriftlich über eine Chatbox gestellt werden. Diese ordneten die e-ModeratorInnen dann in einem für das Publikum nicht sichtbaren Editorfeld den einzelnen Vortragenden des Panels zu.

Der Zeitgeschichtetag wurde über verschiedene Kanäle beworben, darunter Facebook, Twitter, die Newsletter des Instituts und der Österreichischen Hochschüler_innenschaft, H-Soz-Kult, ein österreichweiter E-Mail-Verteiler mit einschlägigen Organisationen und die Webseite der Universität Innsbruck. Werbe-Postkarten konnten noch verteilt werden, die gedruckten Plakate mussten hingegen ungenutzt bleiben. Verschiedene Medien berichteten über den Zeitgeschichtetag.[6]

Wie viele Personen die Tagung besucht haben, lässt sich allerdings nicht genau ermitteln. Pro Panel nahmen lt. den von der Software Adobe Connect, mit der die Konferenz durchgeführt wurde,[7] protokollierten Daten im Durchschnitt 72 BesucherInnen teil. Um den administrativen Aufwand zu reduzieren, war der Zugang zur Tagung an keine vorherige elektronische Registrierung gebunden. Allen, die sich die Mühe machten, die knappen technischen Instruktionen auf der Tagungshomepage zu lesen, stand sie offen. Auf der Homepage wurde aber aus dokumentarischen Gründen um eine Anmeldung gebeten, was immerhin zu 300 Neuregistrierungen führte. Einen weiteren Hinweis darauf, dass der Zeitgeschichtetag auf Interesse stieß, liefert der so genannte „Besucherüberblick", den das Web-Content-Management-System der Universität monatlich für jede Institutshomepage inkl. aller Unterseiten automatisch erstellt. Die folgende Grafik zeigt die Zugriffe auf den Webspace des Instituts für Zeitgeschichte für den

---

5 Details siehe Zgt20-Tagungshomepage, URL: https://www.uibk.ac.at/zeitgeschichte/zgt20/ (abgerufen 2.7.2020). Aus der Veranstalterperspektive verlief er in technischer Hinsicht nahezu störungsfrei. Kein einziges Referat musste aufgrund von Verbindungsproblemen abgebrochen werden oder ausfallen. Allerdings erreichten vier Panels die maximale Teilnehmerzahl von Hundert, wodurch zu spät kommenden Interessierten der Zugang zum betroffenen virtuellen Raum verwehrt wurde.

6 Lukas Wieselberg, Zeitgeschichtetag rein virtuell (Interview mit Dirk Rupnow), orf.at, 16.4. 2020, URL: https://science.orf.at/stories/3200580/ (abgerufen 2.7.2020); Joachim Gatterer, Wohin geht die Zeitgeschichte? (Interview mit Ingrid Böhler), Dolomiten, 16.4.2020; Ö1/ Wissen aktuell, 17.4.2020.

7 Eine weitere Vorgabe des ZID, das die erforderlichen drei Lizenzen kostenlos bereitstellte.

Monat April, der Internetauftritt des Zeitgeschichtetags zählt technisch betrachtet zu den Unterseiten. Gegenüber dem Normalbetrieb vervielfachten sich während der Tagung die Zugriffe.

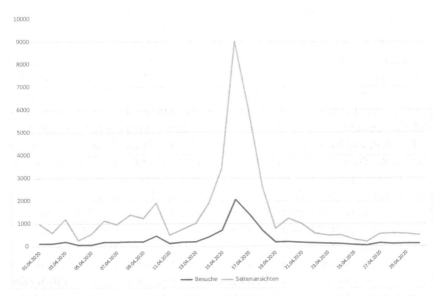

Abb. 1: Zugriffe auf den Webspace des Instituts für Zeitgeschichte für April 2020, Web-Content-Management-System der Universität Innsbruck

Für die Eröffnung und das Rahmenprogramm fanden sich ebenfalls Lösungen, die mit dem neuen Format vereinbar waren. Sieben kurze Eröffnungsansprachen von FunktionsträgerInnen der Universität bzw. aus der Politik wurden als Videobotschaften realisiert. Michael Köhlmeier schickte die selbst angefertigte Aufzeichnung seiner Keynote. Als Audiofile konnte/kann auch sie über die Tagungshomepage angehört werden. Zudem ist sein Text „Die Vergangenheit ist das schlechte Gewissen der Zukunft" hier in dieser Ausgabe der „zeitgeschichte" dokumentiert. Der History Slam als Abschluss fand wiederum als YouTube-Livestream statt.[8] Es waren bis zu 180 Personen „zugeschaltet".

Inhaltlich stand auch der diesjährige Zeitgeschichtetag unter einem Motto. Nach Jahren voller Jubiläen, die die Arbeit von ZeithistorikerInnen nicht wenig bestimmt haben, nicht zuletzt dem übervollen österreichischen Gedenk- und Erinnerungsjahr 2018, aber auch einschließlich des 350-jährigen Unijubiläums in Innsbruck 2019, erschien „Nach den Jubiläen" ein passender Titel, um grundsätzlich über die gesellschaftliche Bedeutung der Zeitgeschichte, ihre Ver-

---

8  Zgt20, History Slam. Ein Poetry Slam moderiert von Stefan Abermann, URL: https://www.you tube.com/watch?v=EGHHchhxnxA (abgerufen 2.7.2020).

schränkung mit Erinnerungskulturen und Geschichtspolitik nachzudenken; um Erfahrungen über das Zusammenarbeiten in verschiedenen institutionellen Kontexten und mit unterschiedlichen Medien auszutauschen; aber auch, um zu reflektieren, was der ständige Ausnahmezustand von Jubiläen und Jahrestagen für den Normalbetrieb unserer Wissenschaft bedeutet; inwieweit er der Wissenschaft nützt oder eher ihren Logiken zuwiderläuft; ob ZeithistorikerInnen Getriebene der Öffentlichkeit sind oder die Jubiläen für sich nutzen können. In dem Wissen darum, dass „nach den Jubiläen" vor allem auch immer „vor den nächsten Jubiläen" bedeutet. Michael Köhlmeier, der am 4. Mai 2018 bei einer Gedenkveranstaltung des Parlaments gegen Gewalt und Rassismus im Gedenken an die Opfer des Nationalsozialismus die kürzeste, aber auch aufsehenerregendste und pointierteste Rede des gesamten offiziellen Gedenk- und Erinnerungsjahres gehalten hat, war der ideale Keynote-Speaker.[9]

Darüber hinaus lieferte das Programm des Zeitgeschichtetags – wie es seiner Tradition entspricht – Einblicke in zentrale Themenfelder, Projekte und Ergebnisse der österreichischen Zeitgeschichtsforschung in ihrer ganzen Breite. Es führte klar vor Augen, dass die Herausforderungen und das „Lebensgefühl" der Gegenwart die Fragen an die Vergangenheit formen. Neben den Referaten, die sich mit Jubiläen, Erinnern und Gedenken auseinandersetzten, fanden sich Beiträge zur Umwelt- und Energiegeschichte, zur Medizingeschichte, zu Ernährung, den Geschlechterverhältnissen oder zu unterschiedlichen Perspektiven auf Migration. Feststellbar war weiters, dass die Ansätze der klassischen Politik- und Diplomatiegeschichte angesichts unserer vernetzten Welt zunehmend in den Hintergrund treten und stattdessen von Konzepten der Globalgeschichte abgelöst werden, Forschungen zu Kolonialismus und Postkolonialismus aber auch Anregungen für die National- und Regionalgeschichten in Europa liefern. Einen wichtigen Fokus bildete außerdem die Digital History. Schließlich zwingt der radikale Medienwandel auch die Geschichtswissenschaften dazu, eine Fülle an digitalen Quellen in ihrer Mannigfaltigkeit auszuwerten bzw. ihre Erkenntnisse über neue Formate zu kommunizieren. Nicht zuletzt stellte dieser Zeitgeschichtetag wie alle vorherigen klar unter Beweis, dass die großen Themen der österreichischen Zeitgeschichteforschung, Nationalsozialismus und Holocaust, auf der Agenda bleiben, wenn auch immer wieder mittels neuer Ansätze und neuer Materialien aktualisiert und in andere Horizonte eingespannt.[10]

---

9 Michael Köhlmeier, „Erwarten Sie nicht, dass ich mich dumm stelle. Reden gegen das Vergessen". Mit einem Nachwort von Hanno Loewy, München 2018.

10 Es ist kein Tagungsband geplant, aber Studierende aus drei verschiedenen Lehrveranstaltungen verfassten unter Anleitung ihrer KursleiterInnen Essays zu allen Panels. Eine von der ÖH finanzierte Studentische Mitarbeiterin bearbeitete die entstandenen Texte redaktionell. Zgt20, Studentische Perspektiven auf den Zeitgeschichtetag 2020, URL: https://www.uibk.ac.at/zeitgeschichte/zgt20/kommentare/ (abgerufen 2.7.2020).

Die Rückmeldungen auf den 1. Virtuellen Zeitgeschichtetag waren durchwegs positiv. Er war die erste große öffentliche Online-Konferenz an der Universität Innsbruck. Ausgehend von der Ankündigungsrubrik von H-Soz-Kult, dem zentralen Fachportal für die Geschichtswissenschaften im deutschsprachigen Raum,[11] war der Innsbrucker Zeitgeschichtetag zudem die erste Fachtagung, die auf die Corona-Krise nicht mit Absage oder Verschiebung reagierte. Wissenschaft lebt nicht zuletzt auch vom unmittelbaren persönlichen Austausch zwischen KollegInnen, dem Nachwuchs und einer interessierten Öffentlichkeit. Konferenzen bilden dafür eine wichtige Plattform. Dies wird wohl auch in Zukunft so sein. Im Zeitalter ihrer rapide zunehmenden Internationalisierung, die in einem wachsenden Widerspruch zu den Anforderungen der Prinzipien von Nachhaltigkeit und Dekarbonisierung steht, werden aber virtuelle Formate sicher an Bedeutung gewinnen. In diesem Punkt konnten nicht nur das Institut für Zeitgeschichte bzw. die Universität Innsbruck, sondern alle beteiligten ZeithistorikerInnen und BesucherInnen durch den 1. Virtuellen Österreichischen Zeitgeschichtetag Neuland betreten und wichtige Erfahrungen sammeln.

Zwar setzte das Organisationsteam alles daran, eine Lösung dafür zu finden, wie sich unter Corona-Bedingungen der Wissenschaftsbetrieb aufrechterhalten lässt. Keinesfalls sollte damit Normalität suggeriert oder unter Beweis gestellt werden, dass sich der Elfenbeinturm in erster Linie mit sich selber beschäftigt – in einer Zeit, in der sich viele große Sorgen um Gesundheit und Zukunft machen müssen und auch die von der Politik gesetzten Maßnahmen, das Corona-Virus einzudämmen, Fragen aufwerfen. Vielmehr sollte die freie Zugänglichkeit ein Zeichen dafür sein, dass das Gegenteil von Abschottung die Absicht war.

Die Zeitgeschichtsforschung wird sich mit der Corona-Krise und ihren Folgen in Zukunft wohl noch eingehend zu beschäftigen haben. Was sie genau bedeutet, welche Veränderung sie bewirken wird, ist bisher noch gar nicht abschätzbar: Wird die „neue Normalität" im permanenten Ausnahmezustand liegen, in dem Grundrechte langfristig außer Kraft gesetzt sind? Wird der Wohlfahrtsstaat ausgebaut und von einem digitalen Überwachungsstaat begleitet? Wird die Globalisierung eingebremst und zurückgefahren? Was wird von der EU nach der Corona-Krise übrig sein? Werden die Rechtspopulisten weltweit als Verlierer oder Nutznießer aus der Krise hervorgehen? Wird es mehr internationale Solidarität nach der Krise geben oder noch weniger? Werden wir mit der anderen großen Krise unserer Tage, der Klima-Krise, anders umgehen unter dem Eindruck der Pandemie? Und die dritte Krise, die Migrations- oder Flüchtlings-Krise, wie wird sie sich „nach Corona" darstellen?

---

11 H-Soz-Kult, Kommunikation und Fachinformation für die Geschichtswissenschaften, URL: https://www.hsozkult.de (abgerufen 2. 7. 2020).

Tatsächlich kann man noch gar nicht über ein „nach Corona" reden. Vielleicht wird ja einer der nächsten Zeitgeschichtetage diesen Titel tragen. Aber natürlich gibt es selbst ernannte Propheten, nicht nur Zukunftsforscher und Philosophen, sondern darunter auch HistorikerInnen, die uns bereits jetzt erklären, womit zu rechnen sein wird. Vielleicht wird die große (Ent)täuschung aber auch darin liegen, dass „nach Corona" im Wesentlichen alles so ist, wie es schon „vor Corona" war … natürlich mit vielen Sparzwängen, die aber auch schon bekannt sind.

Krisenlogiken sind ZeithistorikerInnen ebenso vertraut wie die Erfordernisse von historischen Jubiläen und Jahrestagen. Die Anforderungen und Herausforderungen, denen sie sich schon bisher in ihrer Arbeit gegenübersahen, werden wohl die gleichen bleiben: Sie müssen regionale Themen und Interessen ebenso aufgreifen wie nationale, europäische und globale; sie müssen für die Menschen vor Ort, in der Region und im Land ebenso schreiben wie für die internationale *scholarly community*; sie sollten in den „Geschichten" verstärkt die sichtbar machen, die es bisher nicht sind und denen eine Stimme geben, die sie bisher nicht haben; sie werden weiterhin Proponenten und AkteurInnen, aber gleichzeitig auch distanzierte BegleiterInnen und BeobachterInnen der Erinnerungskultur und Geschichtspolitik sein; und vor allem müssen sie weiterhin wachsam sein.

Ob sie das bisher ausreichend und erfolgreich gewesen sind, kann ja berechtigterweise in Zweifel gezogen werden, wenn man sieht, wie Populismus, Extremismus und Autoritarismus wieder auf dem Vormarsch sind – dass die liberale Demokratie als Vorbild weitgehend ausgedient hat, dass Antisemitismus und Rassismus nicht nur wieder vermehrt artikuliert werden, sondern auch zunehmend zu Gewalt führen und Menschenrechte einfach ignoriert bzw. offen in Frage gestellt werden. Das sollte über der derzeitigen Krise, die alles überschattet, nicht vergessen werden.

Michael Köhlmeier

# Die Vergangenheit ist das schlechte Gewissen der Zukunft. Keynote für den 13. Österreichischen Zeitgeschichtetag, 16.–18. April 2020 in Innsbruck

## 1

Sehr verehrte Damen und Herren,
ich möchte über das Phänomen des schlechten Gewissens sprechen. (Ich weiß, ich spreche vor Historikern und nicht vor Psychologen oder gar Theologen.) Und ich möchte über Entfremdung sprechen. Denn ich bin der Überzeugung, eine Folge des schlechten Gewissens ist, dass der Mensch sich selbst fremd wird. Und ich bin weiters der gar nicht neuen Überzeugung, dass diese Art der Entfremdung eine Voraussetzung für Zivilisation darstellt. Der Mensch handelt, wenn er seinem Gewissen folgt, nach einer Forderung, die über ihm zu stehen scheint, die nicht nur ihn meint, sondern die anderen auch. Eine solche Forderung nennt er eine Verpflichtung, und wenn wir von Verpflichtung sprechen, meinen wir – jedenfalls wir heute – eine moralische Verpflichtung. Ich glaube, das schlechte Gewissen und die Entfremdung gehören zusammen wie Tat und Verantwortung, wie Gedanke und Tat, wie Trieb und Gedanke.

Gleich zu Beginn will ich eine Einteilung vornehmen, nämlich in kleines und großes schlechtes Gewissen.
   Das kleine schlechte Gewissen kenne ich, seit ich denken kann, und ich kann mir vorstellen, den meisten von Ihnen geht es genauso. Meine Mutter war Katholikin, und das war sie auf eine sonderbare Weise, nämlich liberal und zugleich orthodox. Zentraler Bestandteil ihrer Orthodoxie war das schlechte Gewissen, aber eben das kleine schlechte Gewissen. Sie hat es zur Erziehung ihres Sohnes eingesetzt, und sie war der Meinung, ohne diesen Stachel könne kein guter Mensch aus ihm werden. Die Wunde dieses Stachels allerdings könne verheilen. Nach Reue und Wiedergutmachung. Wenn ich Tinte über das Schulheft meiner Schwester geschüttet hatte, entschuldigte ich mich bei ihr und schrieb die verdorbene Seite ab, und damit war alles gut. So war beim kleinen schlechten Gewissen vorzugehen. Das große schlechte Gewissen lernte ich kennen, da war ich

bereits sechzehn Jahre alt. Was darauf schließen lässt, dass ich in wohlbehüteten Verhältnissen aufgewachsen bin.

Als ich sechzehn war, hatten mein Freund Reinhold und ich unsere erste Band; wir und die uns wichtig waren, sagten „Beatband" dazu. Das war in den mittleren Sechzigerjahren. Wir waren eng befreundet mit den Mitgliedern einer anderen Band. In dem Schuppen, der zum Haus ihres Rhythmusgitarristen gehörte, durften wir proben, sie borgten uns auch ihre Instrumente. Das waren freundliche Burschen, sie arbeiteten alle irgendwo, verdienten ihr eigenes Geld, Reinhold und ich gingen ja noch zur Schule, wir konnten uns eine Elektrogitarre nicht leisten. Der Rhythmusgitarrist dieser Band – ich nenne ihn Anton – wurde ein guter Freund von mir. Er zeigte mir die Akkorde von Nummern der Rolling Stones und der Beatles, ich verbrachte viel Zeit mit ihm. Seine Band war in unserem Land die bekannteste, an den Wochenenden waren die Musikanten ausgebucht, überall sollten sie spielen. Auch in Liechtenstein, dort gab es gute Gage, die beste. Anton wiederum war eng befreundet mit dem Bassisten der Band, die beiden waren Nachbarn und aufgewachsen wie Brüder. Und dann war dieser Samstag, dieser verfluchte Samstag. Die Band hatte einen Auftritt in Liechtenstein. Anton war achtzehn, er besaß als einziger einen Führerschein, und sein Vater borgte der Band sein Auto. Der zweite Gitarrist und der Schlagzeuger übernachteten nach dem Auftritt in Vaduz in einer Pension. Anton und sein Freund wollten mit der Anlage, den Instrumenten, Verstärkern und dem Schlagzeug, noch in der Nacht nach Hause fahren, sie wollten das Geld für die Übernachtung sparen. Sie luden alles in den Opel Rekord ein, das Schlagzeug packten sie auf den Rücksitz. Anton fuhr, sein Freund saß auf dem Beifahrersitz, er schlief gleich ein. Es war schon vier Uhr am Morgen, sie waren fünf Stunden auf der Bühne gestanden. Und Anton schlief auch ein, während der Fahrt. Er fuhr sehr langsam, und er fuhr in einen Graben. Außer einer Beule kriegte das Auto nichts ab. Aber der Ständer einer der Becken des Schlagzeugs wurde nach vorne katapultiert, und das schmale Stahlrohr fuhr durch den Nacken des Freundes in den Kopf. Er war sofort tot. Wahrscheinlich hat er gar nichts mitgekriegt. Niemand machte Anton einen Vorwurf, auch nicht die Eltern seines Freundes. Es war ein Unglück, eine Tragödie, ein schrecklicher Unfall. Niemand sprach von Schuld. Nur Anton selbst. Er hat sich sein Leben lang nicht freigesprochen. Ich wusste, das große schlechte Gewissen wirkt dort, wo Wiedergutmachung nicht möglich ist. Reue kann einen Toten nicht ins Leben zurückrufen.

Wenn ich zurückrechne, war es etwa zur gleichen Zeit, als ich das Buch „Der gelbe Stern" von Gerhard Schoenberner kennenlernte. Es stand in der Bibliothek meines Vaters, es stand schon immer dort, irgendwann zog ich es heraus. Es war und ist bis heute eines der eindrücklichsten Bild- und Textdokumente über den Holocaust, auch weil es eines der ersten war. Mein Vater war als junger Mann in den Krieg gezogen, in Hard am Bodensee war er aufgewachsen, von der Rassenpolitik der Nazis hatte er nur indirekt erfahren, theoretisch.

Im Unterschied zu meiner Mutter. Sie stammte aus Deutschland, aus Coburg, sie war vor dem Krieg Sekretärin eines jüdischen Notars gewesen. Sie hatte gesehen, wie die Nazis ihren Chef durch die Straßen geprügelt haben. Sie hatte die Nazis gehasst und hat mir alles erzählt, was sie wusste. Sie wusste viel. Mehr als meine Lehrer in der Schule. Dass die Nazis nicht nur Konzentrationslager, sondern Vernichtungslager betrieben hatten, Lager wie Auschwitz, die jede Vorstellungskraft überboten, das wusste sie nicht. Gemeinsam haben wir uns das Buch angesehen. Meine Mutter war der Meinung, dieses Verbrechen könne nie gesühnt werden. Allein das Wort „Wiedergutmachung" hielt sie für einen unerträglichen Zynismus. Sie hatte ein schlechtes Gewissen. Obwohl sie nie mit den Nazis etwas zu tun gehabt hatte, obwohl sie von Anfang an gegen diese Leute gewesen war. Dass sie Deutsche war, war nicht der Grund für ihr schlechtes Gewissen. Sondern dass sie ein Mensch war. Ein größeres schlechtes Gewissen ist wohl nicht denkbar. Später hat sie sich dann wenigstens mit dem Wort „Wiedergutmachung" ausgesöhnt. Sie anerkannte, dass es gut gemeint war. Als Katholikin hatte sie mit dem großen schlechten Gewissen Erfahrung.


## 2


Das schlechte Gewissen ist das Kreuz des christlichen Abendlandes. Wir haben den Sohn unseres Gottes ermordet, seither bemühen wir uns um Wiedergutmachung. Das ist bei Gott ein nicht zu unterschätzender Antrieb!

Das schlechte Gewissen gönnt uns keine Ruhe, es ist der Generalbass in unserer Kultur. Das schlechte Gewissen umfasst alles – die Umwelt, den Blutdruck, das Klima, den Body-Mass-Index, all die nicht gelesenen Bücher von Ovids „Metamorphosen" über Kants „Kritiken" bis zu „Ulysses" von James Joyce, ein vergessenes Telefonat, ein zu flüchtiger Kuss, vom Seitensprung ganz zu schweigen. Das schlechte Gewissen schickt seine feinsten Wurzeln in unser Intimstes, gerade dorthin; Freuds Modell aus *Über-Ich, Ich und Es* ist ein Versuch, die Mechanik dieses Phänomens aufzuzeigen und in den Griff zu bekommen. Aber das schlechte Gewissen – das habe ich spätestens in meinem sechzehnten Lebensjahr erfahren – prägt eben nicht nur unser individuelles, sondern auch unser gesellschaftliches Leben und dazu unser historisches Bewusstsein. Das schlechte Gewissen ist die Peitsche, die uns vorantreibt. Wohin sie uns treibt, ist dabei gar nicht so wichtig. *Voran* treibt sie uns. In eine Zukunft, in der die Verbrechen der Vergangenheit wiedergutgemacht, vielleicht sogar verziehen, vielleicht sogar vergessen sind.

Erinnern Sie sich an Walter Benjamins Engel der Geschichte:

> „Seine Augen sind aufgerissen, sein Mund steht offen. […] Er hat das Antlitz der
> Vergangenheit zugewendet. Wo eine Kette von Begebenheiten vor uns erscheint, da sieht
> er eine einzige Katastrophe, die unablässig Trümmer auf Trümmer häuft und sie ihm
> vor die Füße schleudert. Er möchte wohl verweilen, die Toten wecken und das Zer-
> schlagene zusammenfügen. Aber ein Sturm weht vom Paradiese her, der sich in seinen
> Flügeln verfangen hat und so stark ist, dass der Engel sie nicht mehr schließen kann.
> Dieser Sturm treibt ihn unaufhaltsam in die Zukunft, der er den Rücken kehrt, während
> der Trümmerhaufen vor ihm zum Himmel wächst. Das, was wir den Fortschritt nennen,
> ist dieser Sturm.“

Wir sind nicht dieser Engel, und wenn wir wie er den Blick in die Vergangenheit
richten, ergreift uns nicht nur Entsetzen, sondern dazu ein umfassendes großes
schlechtes Gewissen. Unser einziger Trost ist, dass der Sturm aus dem Paradies
uns in eine bessere Zukunft treibt.

Die Geschichte ist die Geschichte des schlechten Gewissens.

Auch wenn sich gegen diese These jede Menge Argumente ins Feld führen lassen,
könnte die Analyse am Ende genügend Wahres übriglassen, so dass sich ein
solcher Gesichtspunkt gelohnt haben würde. Wir bemühen uns um Wiedergutmachung, und zwar mit allen Kräften und auf allen Gebieten. Religiöse Menschen sagen, wir streben nach Erlösung; ins gängige Heutige übersetzt, heißt es
wohl: Wir wollen Fitness auf jede Weise und unter allen Aspekten. Nur: Wir sind
nicht fit, und wenn wir jemals fit sein sollten, dann sind wir nicht mehr wir selbst.
Fitness ist das Programm der Entfremdung.

## 3

Das schlechte Gewissen bewirkt Entfremdung.

Entfremdung aber – erlauben Sie mir den Vergleich – wirkt wie ein Virus, der
alles umpolt, was er berührt. Madame Roland, eine der bedeutendsten Persön-
lichkeiten der Girondisten während der Französischen Revolution, soll in einer
der Diskussionen in ihrem Salon gesagt haben: „Das schlechte Gewissen ist die
Grundlage aller Zivilisation.“ Das schlechte Gewissen erst mache schön, gut und
wahr. Ohne schlechtes Gewissen sei Mitleid nicht denkbar, denn Mitleid setze die
Fantasie voraus, ich könnte derjenige sein, der am Leid des anderen Schuld trägt,
deshalb liegt es an mir, Wiedergutmachung zu üben, indem ich helfe – wir
nennen das Solidarität. Zivilisation, folgerte Madame Roland, sei nichts anderes
als organisiertes schlechtes Gewissen. Und das schlechte Gewissen lässt sich

immer weitertreiben. Schön sagt: Noch schöner! Gut sagt: Noch besser! Nur die Wahrheit lässt sich nicht steigern; aber wer weiß schon, was Wahrheit ist.

Das schlechte Gewissen schafft Ideale, und diese entfremden uns von unseren ureigenen archaischen Interessen, denen jederzeit und überall die Interessen der anderen entgegenstehen. Der andere, das ist der, der uns im Weg steht. Irgendwann haben wir gelernt, ihm nicht gleich den Schädel einzuschlagen. So aberwitzig es klingen mag, die Frage ist doch: Warum eigentlich haben wir das gelernt? Wenn das Konzept des „survival of the fittest" des englischen Philosophen und Soziologen Herbert Spencer mit „Überleben des Stärksten" übersetzt wird, was lange geschehen ist, wäre das Erschlagen des anderen, falls er sich unseren Interessen entgegenstellt, die einfachste, aber auch die richtige Lösung eines Problems. Übersetzen wir „fit" mit „angepasst", sieht die Sache anders aus. Der Mensch hat das schlechte Gewissen erfunden, also hat es Sinn, also ist es richtig, wenn er sich seinen Forderungen anpasst. Die Moral ist nicht göttlich. Sie ist ein evolutionärer Vorteil. Sie ist historisch relativ. Das heißt aber auch, es kann wieder eine Zeit kommen, da sie uns im Weg steht. – Meine Mutter hätte heftig den Kopf geschüttelt. Und nicht nur, weil ich meine Mutter geliebt habe, schüttle ich mit.

Aber erinnern wir uns: In Homers Epen ist „Städtezerstörer" noch ein Ehrentitel. Odysseus wird so genannt. *Warum* er außer Troja noch andere Städte zerstört hat, wird nicht erzählt. Die Städtezerstörung *für sich* zeichnet bereits den Helden aus. Nach dem Warum braucht nicht gefragt zu werden. Wo Legitimation vorgelegt wird, dort herrscht bereits das schlechte Gewissen. Das schlechte Gewissen sagt: Städte zu zerstören, ist schlecht; wenn du es dennoch tust, musst du einen ausreichenden Grund dafür vorweisen. Odysseus und Homer haben keinen ausreichenden Grund. Odysseus hat es getan, weil Helden so etwas tun. Weil es Helden Freude macht, Städte zu zerstören. Irgendwann haben wir gelernt, auf diese Art der Freude zu verzichten – oder wenigstens die Freude hinter einem zureichenden Grund zu verbergen.

Das schlechte Gewissen macht uns zu verzichtfähigen Wesen, wir verzichten zugunsten anderer Interessen. Es liegt im Interesse der Bewohner einer gewissen Stadt, nicht vernichtet zu werden. Der Held sieht ein, dass dieses fremde Interesse ein höheres Gut ist als seine Lust auf Zerstörung. Es ist dies eine der bemerkenswertesten Entwicklungen der Menschheit, denke ich. Das schlechte Gewissen bedingt eine Entfremdung von den eigenen Interessen. Das schlechte Gewissen hat die Entfremdung des Menschen von sich selbst erfunden.

Entfremdung polt um, und sie entfremdet uns nicht nur von allem, womit sie in Berührung kommt, sondern sie verkehrt es manchmal sogar ins Gegenteil. Dafür ist die Französische Revolution nicht das erste, aber das erste überdeutliche Beispiel. Das schlechte Gewissen ist der Motor der Tugend – diese These, so dürfen wir glauben, hätten Robespierre und Saint-Just wahrscheinlich unterschrieben. Und weil die Tugend – worunter der Verzicht auf individuelle, wilde, archaische, animalische Interessen zu verstehen ist – durchgesetzt werden muss, um Zivilisation aufzurichten und aufrechtzuhalten, muss sie, die Tugend, unter allen Umständen aufgerichtet und aufrechterhalten werden, und das geht am besten mit Terror, und der herrscht recht effektiv mit Hilfe der Guillotine. Als Madame Roland selbst aufs Schafott geführt wurde, soll sie, bevor ihr der Kopf abgehackt wurde, ausgerufen haben: „O Freiheit, welche Verbrechen begeht man in deinem Namen!" Freiheit, Gleichheit, Brüderlichkeit sind unter dem Terror sich selbst entfremdet und in ihr Gegenteil verkehrt worden – in Gefängnis, in die niemanden bevorzugende Art der Hinrichtung und in das die ganze Gesellschaft durchseuchende Spitzelwesen.

## 4

Die Entfremdung, geboren aus den Forderungen des schlechten Gewissens, vergisst bald ihre Quelle; sie verselbständigt sich. Die Entfremdung des Menschen von sich selbst, die es erst ermöglichte, den anderen als einen Gleichen wahrzunehmen und somit ein solidarisches Zusammenleben zu gestalten, wenn sie sich erst von dieser Funktion befreit, wendet sich gegen den Menschen. Die Entfremdung erscheint in neuem Gewand. Sie wird zu einer Plage. Karl Marx hat als einer der ersten auf dieses Phänomen aufmerksam gemacht, nämlich in seinen frühen „Philosophischen ökonomischen Manuskripten", den so genannten „Pariser Manuskripten".

In Charlie Chaplins Film „Modern Times", der in wesentlichen Passagen eine dystopische Gesellschaft schildert, tauchen, soweit ich mich informieren konnte, zum ersten Mal in der Filmgeschichte Bildschirme auf; nämlich als der mächtige Besitzer der Fabrik seine Arbeiter kontrolliert. Die am Fließband stehen wie Charlie, treibt er zu schnelleren Bewegungen an, er sieht alles und sieht alles überall, selbst auf der Toilette, wo sich Charlie eine Ruhepause gönnen möchte. Überall hängen Bildschirme. Das ist bemerkenswert. In anderen Science-Fiction-Geschichten zu dieser Zeit – Chaplin hat den Film zwischen 1933 und 1936 gedreht – und auch noch später bis in die Siebzigerjahre begegnen uns Roboter und Außerirdische oder wie in dem Roman „1984" von George Orwell Kameras, die unser Leben kontrollieren, oder alles berechnende Computer wie in Stanley Kubricks „2001: Odyssee im Weltraum" von 1968, aber nicht der Bildschirm, der im Gegensatz zur damals fiktionalen die reale Zukunft bestimmen wird, wie wir heute wissen. In „Modern Times" sieht der mächtige Direktor nicht nur alles, er wird auch von allen gesehen. Allerdings scheint Chaplin auf diese Idee nicht sonderlichen Wert gelegt zu haben, sie ist ein Nebenbei in seinem Film; ihre Zukunftsträchtigkeit und Zukunftsmächtigkeit scheint er nicht erkannt zu haben. Aber er wollte ja auch keinen Science-Fiction-Film drehen. Ihm kam es darauf an, zu zeigen, wie Liebe in Zeiten größtmöglicher Entfremdung noch möglich ist.

Charlie am Fließband – jeder kennt diese ebenso komische wie tragische Szene – zwischen ihm, seiner Tätigkeit und dem Produkt, das er herstellt, ist jede Beziehung erloschen, und zwar vollständig. Wir, die Zuschauer, wissen nicht, was in der Fabrik hergestellt wird, und Charlie und die anderen Arbeiter wissen es wahrscheinlich nicht besser, und es spielt auch keine Rolle. Die Arbeit ist auf eine einzige Handbewegung reduziert: Charlie zieht zwei Schrauben an, das ist alles. Diese Handbewegung, den ganzen Tag ausgeführt, die ganze Woche, einen Monat, ein Jahr, vielleicht Jahre, bestimmt den Menschen; der ganze Mensch, nicht nur seine Arbeit, wird auf diese Handbewegung reduziert. Damit es so bleibt, damit ja kein letzter Rest an Menschsein sich regt und eventuell rebelliert, gibt es den Bildschirm. „Big Brother is watching you" – diese Warnung aus Orwells „1984", geschrieben 1948, erfährt gut zehn Jahre früher in Chaplins Film eine gefährliche Ausweitung, nämlich: Der Große Bruder sieht dich, *und du siehst ihn*. Dadurch, dass eine scheinbare Kommunikation hergestellt wird, indem der Diktator ein Gesicht bekommt, ein menschliches Gesicht, das Regungen zeigen kann, Wut, Schmerz, auch Zuwendung, Regungen, über die du selbst ja auch verfügst, die dir bekannt sind, die deine Regungen sein könnten und sind. Dadurch schleicht sich der Terror in deine Seele ein, nimmt von ihr Besitz, baut deine Seele um, macht sie zu einem Instrument deiner eigenen Unterdrückung. Stalin hat diesen Mechanismus beherrscht; er war der Vater, der gute Vater, an dessen Liebe manchmal sogar die Delinquenten noch bis zum Ende glaubten. Das bedeutet mehr als Entfremdung, das bedeutet Selbstauslöschung.

In Orwells Roman „1984" ist die Macht anonym, fremd. Sie hat Zugriff auf deinen Körper, sie versetzt dich in Angst und Schrecken, aber deine Seele kannst du vor ihr vielleicht noch schützen; deine Seele ist der Winkel, zu dem die Kameras nicht vordringen können; in die Seele kann der Große Bruder nicht schauen. Die Gedanken sind, wie es im Lied heißt, frei, noch frei. Du beugst dich vor der Macht, aber sie wird nicht zum Bestandteil deiner selbst. Sie entfremdet dich nicht dir selbst. Erst wenn es der Macht gelingt, wie ein Virus in dich einzudringen und dich umzupolen – dann herrscht totale Entfremdung. Diese Entfremdung erzeugt ein schlechtes Gewissen. Und du schwingst die Peitsche gegen dich selbst.

Chaplins Dystopie ist nicht weniger finster als die von Orwell, aber sie ist realistischer und deshalb grausamer. Chaplin, er wäre nicht Chaplin, gibt sich aber nicht geschlagen. Er lässt seinen Helden nicht verkommen. Dessen Naivität – wenn wir ihn schmallippig streng beurteilen, sagen wir: seine Einfalt, seine Dummheit – bewahrt ihn vor der Selbstauslöschung. Charlie, das unterscheidet ihn von den anderen Arbeitern, durchschaut nichts, er weiß von nichts, er ist ein

Tor, er ist ganz in sich selbst versponnen, er weiß nichts von der Welt. Das bewahrt ihn davor, sich mit dem Direktor zu identifizieren. Das bewahrt ihn vor dem schlechten Gewissen. Seine Seele bleibt unberührt vom Ungemach der Welt, sie ist offen für die Liebe. Er ist eigentlich ein Wilder.

„O schlechtes Gewissen, welche Verbrechen begeht man in deinem Namen!" – Wer traut sich, dies auszurufen? Welchen Schimpf würde sich ein Historiker holen, der solches verkündete!

## 5

In den Zeiten des Mythos wurde erzählt, um zu lernen. Aber nicht, um zu lernen, wie man es besser machen könnte, sondern um zu lernen, wie man sich verhalten soll. Die Griechen haben ihre unzähligen Geschichten ja nicht nur erzählt, um sich die Zeit zu vertreiben, sondern auch und vielleicht vor allem um Präzedenzfälle zu studieren. Es gab ja noch kein verbindliches Rechtswesen. Die Mythologie ist ein allumfassender Katalog von Präzedenzfällen. Wie hat sich dieser oder jener Held verhalten, als ihm etwas Ähnliches zustieß wie mir? Ich will es nicht besser machen als dieser Held, ich will mir aber ein Beispiel nehmen. Wenn wir heute sagen, man soll aus der Geschichte lernen, dann meinen wir etwas anderes. Dann meinen wir, wir wollen lernen, es besser zu machen, wir wollen lernen, wie wir gewisse Fehler vermeiden, wir wollen überhaupt die Fehler erst erkennen. Ich weiß nicht, wann zum ersten Mal mit dieser Ambition Geschichte betrachtet wurde. Thukydides und Herodot erzählen uns, was war, aber sie sagen nicht, was werden soll. Die Vergangenheit wird nicht zum schlechten Gewissen der Zukunft. Auch bei Sallust oder Livius oder Tacitus konnte ich diese Tendenz nicht finden – nicht einmal in Jules Michelets monumentaler Darstellung der Französischen Revolution.

Nachdem Erlösung im oder aus dem Transzendenten nicht mehr erwartet wurde, richteten sich die Hoffnungen auf die Zukunft. Die Zukunft, wie wir sie heute kennen, nämlich als eine diesseitige, ist noch keine zweihundertfünfzig Jahre alt. Sie ist Himmel und Hölle, Utopie und Dystopie. Die Zukunft wurde zum Ort der Wiedergutmachung und geriet somit unter die Herrschaft des schlechten Gewissens. Nach dem Zweiten Weltkrieg, nach den nationalsozialistischen Gräueln verdichtete sich diese Geschichtsauffassung in der Parole „Nie wieder!". Gemeint war zuerst nur die Zeit zwischen 1933 und 1945, bald aber schon das ganze Jahrhundert mit seinem ersten Krieg und den Revolutionen, den politischen Morden, den politischen Fehden. Und schließlich dehnte sich die Parole auf die gesamte Geschichte der Menschheit aus – auf diesen „Trümmerhaufen, der in den Himmel wächst", wie Walter Benjamin schreibt. Als könnten wir mit unserem schlechten Gewissen „verweilen und die Toten wecken und das

Zerschlagene zusammenfügen". Die moderne Geschichte ist die Geschichte des Fortschritts; wir schreiten fort auf dem Weg zur Besserung – wenn wir die Stimme des schlechten Gewissens hören und ihr gehorchen. Wenn nicht, blüht uns die Hölle. Für diese gibt es unzählige neue Begriffe. Ebenso wie das interessanteste Kapitel in Dantes „Göttlicher Komödie" das Inferno ist, bieten wir mehr an Fantasie auf, unsere bevorstehenden Höllen zu beschreiben als den Himmel, an den wir nicht mehr glauben, spätestens seit wir eingesehen haben, dass wir in ihm leben.

Können, sollen, dürfen wir Geschichte betreiben ohne schlechtes Gewissen? Sie, sehr geehrte Damen und Herren, Sie wissen das, und ich danke, dass ich diese Fragen stellen durfte, und danke für Ihre Aufmerksamkeit.

# Abstracts

## Annotate – visualize – analyze. Computer assisted qualitative methods for contemporary history

*Andrea Brait*
*Beliefs of Austrian history teachers regarding visits of memorial sites. An analysis using MAXQDA*

For Austrian history teachers, visits of memorial sites are an important learning environment for historical-political education. However, as the analysis of interviews shows, the teachers, who were participating in this study, pursue different goals than those defined in the curriculum: The intended aim is not the critical analysis of this form of historical culture but emotional involvement, which clearly contradicts the Beutelsbacher consensus. Consequently, many history teachers tend to avoid such memorial site visits with classes of lower secondary level because they consider the adolescents as not mature enough. The results of the analysis were achieved by using a structured qualitative content analysis. The QDA software MAXQDA optimally supported this method, as this programme enabled it to put the statements of the history teachers into a new structure in order to answer the central research questions.
Keywords: historical learning, expert interviews, out-of-school, memorial sites

*Sarah Oberbichler*
*Argumentation analysis of historical migration discourses in newspaper reporting by means of Atlas.ti*

The digital revolution has significantly changed the way humanities scholars deal with newspapers: An increasing number of newspapers are being digitized, making larger quantities of text available to researchers for analysis. Digital formats not only allow easier access to the text, the sheer volume of data also requires recourse to methods that can perform automated or semi-automated structuring of texts. This article shows how large corpora of data can be meaningfully analyzed by combining computer-based methods and the close reading of texts. Here the question arises how close reading and distant reading methods can be combined when analyzing large amounts of text, and how historical narratives are created from this combination. Based on this research question, the article describes the methodological procedure and gives an overview of the results that could be achieved with the help of the qualitative software Atlas.ti and comparative discourse-historical argumentation analysis, a type of discourse analysis.

Keywords: argumentation analysis, migration, Atlas.ti, blended reading, historical newspapers

*Eva Pfanzelter*
*Narrating history/histories with data from the Wayback Machine using the example of Holocaust websites*

The Internet Archive's Wayback Machine is still the primary access page for obtaining (historical) screenshots from websites. The operators of the oldest and most extensive online archive boast that their project will make it impossible to forget any data that has ever been on the Internet. It is true that for most institutions, the Internet Archive is the only way to archive their digital content. But how can historians deal with this content? How can they download the thousands of screenshots, how can they be analyzed and how can a historical narrative ultimately emerge from them? These questions and possible solutions through a multimodal historical discourse analysis approach using the NVivo software are being investigated in the proposed contribution. Digital methods and visualizations are discussed, as are the possibilities of online content analysis.

Keywords: Holocaust, digital methods, qualitative methods, internet archive

# Autor/inn/en

Ingrid Böhler, Mag. Dr.
Institut für Zeitgeschichte, Universität Innsbruck, Ingrid.Boehler@uibk.ac.at

Andrea Brait, Ass.-Prof. MMag. Dr.
Institut für Zeitgeschichte/Institut für Fachdidaktik, Universität Innsbruck,
Andrea.Brait@uibk.ac.at

Michael Köhlmeier
c/o Institut für Zeitgeschichte, Universität Innsbruck

Sarah Oberbichler, Mag. Dr.
Institut für Zeitgeschichte, Universität Innsbruck, Sarah.Oberbichler@uibk.ac.at

Eva Pfanzelter, Mag. Dr. MA, assoz. Prof.
Institut für Zeitgeschichte, Universität Innsbruck, Eva.Pfanzelter@uibk.ac.at

Dirk Rupnow, Univ.-Prof. Mag. Dr.
Institut für Zeitgeschichte, Universität Innsbruck, Dirk.Rupnow@uibk.ac.at

# Zitierregeln

Bei der Einreichung von Manuskripten, über deren Veröffentlichung im Laufe eines doppelt anonymisierten Peer Review Verfahrens entschieden wird, sind unbedingt die Zitierregeln einzuhalten. Unverbindliche Zusendungen von Manuskripten als word-Datei an: agnes.meisinger@univie.ac.at

## I. Allgemeines

**Abgabe:** elektronisch in Microsoft Word DOC oder DOCX.

**Textlänge:** 60.000 Zeichen (inklusive Leerzeichen und Fußnoten), Times New Roman, 12 Punkt, 1 $\frac{1}{2}$-zeilig. Zeichenzahl für Rezensionen 6.000–8.200 Zeichen (inklusive Leerzeichen).

**Rechtschreibung:** Grundsätzlich gilt die Verwendung der neuen Rechtschreibung mit Ausnahme von Zitaten.

## II. Format und Gliederung

**Kapitelüberschriften** und – falls gewünscht – Unterkapiteltitel deutlich hervorheben mittels Nummerierung. Kapitel mit römischen Ziffern [I. Literatur], Unterkapitel mit arabischen Ziffern [1.1 Dissertationen] nummerieren, maximal bis in die dritte Ebene untergliedern [1.1.1 Philologische Dissertationen]. Keine Interpunktion am Ende der Gliederungstitel.

Keine Silbentrennung, linksbündig, Flattersatz, keine Leerzeilen zwischen Absätzen, keine Einrückungen; direkte Zitate, die länger als vier Zeilen sind, in einem eigenen Absatz (ohne Einrückung, mit Gänsefüßchen am Beginn und Ende).

**Zahlen** von null bis zwölf ausschreiben, ab 13 in Ziffern. Tausender mit Interpunktion: 1.000. Wenn runde Zahlen wie zwanzig, hundert oder dreitausend nicht in unmittelbarer Nähe zu anderen Zahlenangaben in einer Textpassage aufscheinen, können diese ausgeschrieben werden.

**Daten** ausschreiben: „1930er" oder „1960er-Jahre" statt „30er" oder „60er Jahre".

**Datumsangaben:** In den Fußnoten: 4.3.2011 [keine Leerzeichen nach den Punkten, auch nicht 04.03.2011 oder 4. März 2011]; im Text das Monat ausschreiben [4. März 2011].

**Personennamen** im Fließtext bei der Erstnennung immer mit Vor- und Nachnamen.

**Namen von Organisationen** im Fließtext: Wenn eindeutig erkennbar ist, dass eine Organisation, Vereinigung o. Ä. vorliegt, können die Anführungszeichen weggelassen werden: „Die Gründung des Öesterreichischen Alpenvereins erfolgte 1862." „Als Mitglied im

Womens Alpine Club war ihr die Teilnahme gestattet." **Namen von Zeitungen/Zeitschriften** etc. siehe unter „Anführungszeichen".

**Anführungszeichen** im Fall von Zitaten, Hervorhebungen und bei Erwähnung von Zeitungen/Zeitschriften, Werken und Veranstaltungstiteln im Fließtext immer doppelt: „"

**Einfache Anführungszeichen** nur im Fall eines Zitats im Zitat: „Er sagte zu mir: ‚....‘"

**Klammern:** Gebrauchen Sie bitte generell runde Klammern, außer in Zitaten für Auslassungen: [...] und Anmerkungen: [Anm. d. A.].

Formulieren Sie **bitte geschlechtsneutral bzw. geschlechtergerecht.** Verwenden Sie im ersteren Fall bei Substantiven das Binnen-I („ZeitzeugInnen"), nicht jedoch in Komposita („Bürgerversammlung" statt „BürgerInnenversammlung").

**Darstellungen und Fotos** als eigene Datei im jpg-Format (mind. 300 dpi) einsenden. Bilder werden schwarz-weiß abgedruckt; die Rechte an den abgedruckten Bildern sind vom Autor/von der Autorin einzuholen. Bildunterschriften bitte kenntlich machen: Abb.: Spanische Reiter auf der Ringstraße (Quelle: Bildarchiv, ÖNB).

**Abkürzungen:** Bitte Leerzeichen einfügen: vor % oder €/zum Beispiel z. B./unter anderem u. a.

Im Text sind möglichst wenige allgemeine Abkürzungen zu verwenden.


## III.   Zitation

**Generell keine Zitation im Fließtext, auch keine Kurzverweise. Fußnoten immer mit einem Punkt abschließen.**

Die nachfolgenden Hinweise beziehen sich auf das Erstzitat von Publikationen.
Bei weiteren Erwähnungen sind Kurzzitate zu verwenden.
- Wird hintereinander aus demselben Werk zitiert, bitte den Verweis **Ebd./ebd.** bzw. mit anderer Seitenangabe **Ebd., 12./ebd., 12.** gebrauchen (kein Ders./Dies.), analog: Vgl. ebd.; vgl. ebd., 12.
- Zwei Belege in einer Fußnote mit einem **Strichpunkt**; trennen: Gehmacher, Jugend, 311; Dreidemy, Kanzlerschaft, 29.
- Bei Übernahme von direkten Zitaten aus der Fachliteratur **Zit. n./zit. n.** verwenden.
- Indirekte Zitate werden durch **Vgl./vgl.** gekennzeichnet.

**Monografien:** Vorname und Nachname, Titel, Ort und Jahr, Seitenangabe [ohne „S."].

Beispiel Erstzitat: Johanna Gehmacher, Jugend ohne Zukunft. Hitler-Jugend und Bund Deutscher Mädel in Österreich vor 1938, Wien 1994, 311.

Beispiel Kurzzitat: Gehmacher, Jugend, 311.
Bei mehreren AutorInnen/HerausgeberInnen: Dachs/Gerlich/Müller (Hg.), Politiker, 14.

**Reihentitel:** Claudia Hoerschelmann, Exilland Schweiz. Lebensbedingungen und Schicksale österreichischer Flüchtlinge 1938 bis 1945 (Veröffentlichungen des Ludwig-

Boltzmann-Institutes für Geschichte und Gesellschaft 27), Innsbruck/Wien [bei mehreren Ortsangaben Schrägstrich ohne Leerzeichen] 1997, 45.

**Dissertation:** Thomas Angerer, Frankreich und die Österreichfrage. Historische Grundlagen und Leitlinien 1945–1955, phil. Diss., Universität Wien 1996, 18–21 [keine ff. und f. für Seitenangaben, von–bis mit Gedankenstich ohne Leerzeichen].

**Diplomarbeit:** Lucile Dreidemy, Die Kanzlerschaft Engelbert Dollfuß' 1932–1934, Dipl. Arb., Université de Strasbourg 2007, 29.

**Ohne AutorIn, nur HerausgeberIn:** Beiträge zur Geschichte und Vorgeschichte der Julirevolte, hg. im Selbstverlag des Bundeskommissariates für Heimatdienst, Wien 1934, 13.

**Unveröffentlichtes Manuskript:** Günter Bischof, Lost Momentum. The Militarization of the Cold War and the Demise of Austrian Treaty Negotiations, 1950–1952 (unveröffentlichtes Manuskript), 54–55. Kopie im Besitz des Verfassers.

**Quellenbände:** Foreign Relations of the United States, 1941, vol. II, hg. v. United States Department of States, Washington 1958.
[nach Erstzitation mit der gängigen Abkürzung: FRUS fortfahren].

**Sammelwerke:** Herbert Dachs/Peter Gerlich/Wolfgang C. Müller (Hg.), Die Politiker. Karrieren und Wirken bedeutender Repräsentanten der Zweiten Republik, Wien 1995.

**Beitrag in Sammelwerken:** Michael Gehler, Die österreichische Außenpolitik unter der Alleinregierung Josef Klaus 1966–1970, in: Robert Kriechbaumer/Franz Schausberger/Hubert Weinberger (Hg.), Die Transformation der österreichischen Gesellschaft und die Alleinregierung Klaus (Veröffentlichung der Dr.-Wilfried Haslauer-Bibliothek, Forschungsinstitut für politisch-historische Studien 1), Salzburg 1995, 251–271, 255–257.
[bei Beiträgen grundsätzlich immer die Gesamtseitenangabe zuerst, dann die spezifisch zitierten Seiten].

**Beiträge in Zeitschriften:** Florian Weiß, Die schwierige Balance. Österreich und die Anfänge der westeuropäischen Integration 1947–1957, in: Vierteljahrshefte für Zeitgeschichte 42 (1994) 1, 71–94.
[Zeitschrift Jahrgang/Bandangabe ohne Beistrichtrennung und die Angabe der Heftnummer oder der Folge hinter die Klammer ohne Komma].

**Presseartikel:** Titel des Artikels, Zeitung, Datum, Seite.
Der Ständestaat in Diskussion, Wiener Zeitung, 5. 9. 1946, 2.

**Archivalien:** Bericht der Österr. Delegation bei der Hohen Behörde der EGKS, Zl. 2/pol/57, Fritz Kolb an Leopold Figl, 19. 2. 1957. Österreichisches Staatsarchiv (ÖStA), Archiv der Republik (AdR), Bundeskanzleramt (BKA)/AA, II-pol, International 2 c, Zl. 217.301-pol/57 (GZl. 215.155-pol/57); Major General Coleman an Kirkpatrick, 27. 6. 1953. The National Archives (TNA), Public Record Office (PRO), Foreign Office (FO) 371/103845, CS 1016/205 [prinzipiell zuerst das Dokument mit möglichst genauer Bezeichnung, dann das Archiv, mit Unterarchiven, -verzeichnissen und Beständen; bei weiterer Nennung der Archive bzw. Unterarchive können die Abkürzungen verwendet werden].

**Internetquellen:** Autor so vorhanden, Titel des Beitrags, Institution, URL: (abgerufen Datum). Bitte mit rechter Maustaste den Hyperlink entfernen, so dass der Link nicht mehr blau unterstrichen ist.
Yehuda Bauer, How vast was the crime, Yad Vashem, URL: http://www1.yadvashem.org/yv/en/holocaust/about/index.asp (abgerufen 28.2.2011).

**Film:** Vorname und Nachname des Regisseurs, Vollständiger Titel, Format [z.B. 8 mm, VHS, DVD], Spieldauer [Film ohne Extras in Minuten], Produktionsort/-land Jahr, Zeit [Minutenangabe der zitierten Passage].
Luis Buñuel, Belle de jour, DVD, 96 min., Barcelona 2001, 26:00–26:10 min.

**Interview:** InterviewpartnerIn, InterviewerIn, Datum des Interviews, Provenienz der Aufzeichnung.
Interview mit Paul Broda, geführt von Maria Wirth, 26.10.2014, Aufnahme bei der Autorin.

Die englischsprachigen Zitierregeln sind online verfügbar unter: https://www.verein-zeit geschichte.univie.ac.at/fileadmin/user_upload/p_verein_zeitgeschichte/zg_Zitierregeln_engl_2018.pdf

**Es können nur jene eingesandten Aufsätze Berücksichtigung finden, die sich an die Zitierregeln halten!**

# Ausbau und Reform des Hochschulwesens in den 1960er- und 1970er-Jahren

Maria Wirth (Hg.)

## Neue Universitäten

Österreich und Deutschland in den
1960er- und 1970er-Jahren

*zeitgeschichte Sonderheft*

2020. 181 Seiten, kartoniert
€ 35,– D / € 36,– A
ISBN 978-3-8471-1079-8

In den 1960er- und 1970er-Jahren befand sich die Universitätslandschaft im Umbruch. Auch in Österreich kam es mit der Errichtung von drei Hochschulen in Linz, Salzburg und Klagenfurt zu einem Ausbau des Universitätswesens. Dieses Sonderheft der *zeitgeschichte* rückt die Neugründungen in den Mittelpunkt und betont die Frage, was neu an diesen Hochschulen sein sollte. Zudem beleuchtet es Veränderungen in der Bildungspolitik, im Hochschuldiskurs, auf Seiten der Studierenden und in der Universitätsarchitektur. Es gibt einen Überblick über die Universitätsgründungen in Deutschland sowie deren Rezeption in Österreich und zeichnet mit der Hochschuldebatte in Vorarlberg auch eine Entwicklung nach, die zwar zu keiner Universitätsgründung, immerhin aber zur Errichtung einzelner akademischer Einrichtungen führte.

**Vandenhoeck & Ruprecht** Verlage

 unipress          www.vandenhoeck-ruprecht-verlage.com